Cómo explicar el divorcio a los niños

Roberta Beyer - Kent Winchester

Cómo explicar el divorcio a los niños

Un manual para Adultos

Título original: *Speaking of Divorce: how to talk with your kids and help them cope*
Publicado en 1996 en inglés por Free Spirit Publishing, Inc., Minneapolis, Minnesota, U.S.A. (www.freespirit.com)

Traducción de Joan Carles Guix

Diseño de cubierta: Valerio Viano

Ilustraciones del interior: Marieka Heinlen

Distribución exclusiva:
Ediciones Paidós Ibérica, S.A.
Mariano Cubí 92 - 08021 Barcelona - España
Editorial Paidós, S.A.I.C.F.
Defensa 599 - 1065 Buenos Aires - Argentina
Editorial Paidós Mexicana, S.A.
Rubén Darío 118, col. Moderna - 03510 México D.F. - México

Quedan rigurosamente prohibidas, sin la autorización escrita de los titulares del *copyright*, bajo las sanciones establecidas en las leyes, la reproducción total o parcial de esta obra por cualquier medio o procedimiento, comprendidos la reprografía y el tratamiento informático, y la distribución de ejemplares de ella mediante alquiler o préstamo públicos.

© 2001 Roberta Beyer and Kent Winchester

© 2003 exclusivo de todas las ediciones en lengua española:
Ediciones Oniro, S.A.
Muntaner 261, 3.º 2.ª - 08021 Barcelona - España
(oniro@edicionesoniro.com - www.edicionesoniro.com)

ISBN: 84-9754-059-X
Depósito legal: B-1.571-2003

Impreso en Hurope, S.L.
Lima, 3 bis - 08030 Barcelona

Impreso en España - *Printed in Spain*

Dedicatoria

A nuestros padres

Agradecimientos

Hay mucha gente a quien debemos dar las gracias en este libro. Nos gustaría agradecer al personal del Juzgado Clínico del Segundo Distrito Judicial de Alburquerque, en Nuevo México, sus sugerencias y reflexiones, en especial a la doctora Louise Kodituwaaku, directora clínica. Estos profesionales trabajan incansablemente para las familias.

Estamos en deuda con Jang Zimmerman, quien nos alentó durante todo el proceso y tuvo fe en los proyectos que hacían referencia a los niños «víctimas» de un divorcio.

Asimismo, damos las gracias a la juez Anne Kass de los Juzgados del Segundo Distrito Judicial de Alburquerque, en Nuevo México. Muchas de las ideas de este libro son suyas. Por lo demás, ella misma nos animó a utilizarlas. Anne ha ayudado a innumerables familias en proceso de divorcio y se ha arriesgado para sacar adelante la vida de muchos niños.

De igual modo, queremos agradecer a Shelly su asistencia y paciencia con la redacción y los innumerables cambios en la obra. Gracias también a nuestros ayudantes; ellos ya saben quiénes son.

Índice

Prólogo 9
Introducción 13

«Nos vamos a divorciar» 18
«No es culpa tuya» 30
«Siempre te amaremos» 35
«No volveremos a estar juntos» 40
«Puedes expresar tus sentimientos» 44
«Así es como vamos a vivir» 57
«Contribuiremos a que sea más llevadero» . . . 68
«Nos puedes querer a los dos» 77
«No debes inquietarte por el dinero» 82
«No debes preocuparte por mí» 89
«No vas a estar entre dos fuegos» 94
«Seguimos siendo una familia» 103
«Nuestra vida está cambiando» 108

A modo de conclusión 113
Glosario sobre el divorcio 114
Acerca de los autores 117

Prólogo

He aprendido valiosas lecciones de mi experiencia como juez de juzgado de familia durante más de quince años y de mi anterior práctica de la abogacía. Quizá la más importante provenga de *Life's Little Instructions Book*, que advierte: «Nunca separes lo que no se pueda volver a unir».* Se trata de un objetivo muy extenso para los padres que se están divorciando. El divorcio no sella una relación, únicamente la modifica, y esto es una realidad inevitable para dos personas que tienen un hijo juntas «hasta que la muerte las separe».

Muchos padres en proceso de divorcio desean desesperadamente que su cónyuge desaparezca de su vida, pero la realidad es que un ex cónyuge no se convierte en un «ex» padre. Aunque el vínculo entre la pareja se haya extinguido, la relación con el niño continúa. Esto significa que siempre vais a estar ligados por vuestro hijo. A medida que este hecho va calando en la mente de los padres, la frustración y la ira suelen convertirse en temas recurrentes de la relación de la ex pareja. El divorcio por sí sólo no tiene por qué traumatizar a los niños, pero la amarga hostilidad entre los padres divorciados les causará daños a largo plazo. Aunque no se den cuenta ni lo pretendan, los padres que continúan con un elevado nivel de conflicto, tanto si se trata de inter-

---

* *Life's Little Instruction Book: 500 Reminders for a Happy and Rewarding Life*, de H. Jackson Brown, Jr., Nashville, (TN): Rutledge Hill Press, 1991, instrucción 245.

acciones acaloradas, como frías y distantes, hacen daño a sus niños y por supuesto se hieren a sí mismos.

Durante los años en que he ejercido como abogada me daba cuenta de que mis clientes a menudo se quedaban más intranquilos después de haber pasado por los juzgados. Normalmente, salían más enfadados y siempre empobrecidos, aun en el caso de que técnicamente hubiesen «ganado» el juicio. Me formulaba la Gran Pregunta: ¿Quién tiene la culpa? Como abogada, decidí que eran los jueces quienes deberían sentirse culpables, ya que tenían pavor a tomar decisiones pendencieras y no comprendían a las familias. Cuando me convertí en juez de familia en 1984 adopté una actitud agresiva y algo torpe, obligando a los padres a tolerarse mutuamente. Transcurridos algunos años, me di cuenta de que el método no estaba funcionando demasiado bien. Fue así como, una vez más, me pregunté quién tenía la culpa. Y esta vez decidí que era de los abogados, que temían dar malas noticias a sus clientes.

Posteriormente, asistí a un cursillo sobre meditación de una semana de duración, donde descubrí que la clave residía en resolver el problema, no en ganar. Aprendí que debía dejar de centrarme en la búsqueda de «falsos culpables» y abandonar de una vez por todas la asignación de culpas, admitiendo que culpabilizamos al prójimo única y exclusivamente para librarnos de nuestra propia parte de culpa.

Dado que he atendido a centenares de parejas en proceso de divorcio en mi sala del tribunal, soy consciente de que se hallan en un estado anímico de pánico. Reconozco que, para ellos, es muy difícil ver las cosas de forma positiva. Muchos se preguntan: «¿Por qué yo?», y a menudo responden acusando a su cónyuge. Intento hacerles ver lo que me ha enseñado mi larga experiencia en este tipo de casos, es decir, que se puede dirimir la culpa o solucionar el problema, pero que no se pueden hacer las dos cosas a la vez. Asimismo, culpabilizar nunca da resultado. Es preferible resolver los problemas derivados de la acción de divorciarse. Tengo en alta estima a las parejas que pasan por mi sala judicial y debéis ser conscientes de que este período de la vida ofrece la posibilidad de enriquecerse y de formularse una pregunta más deseable: ¿Qué tiene de bueno el divorcio?

El libro que estás empezando a leer está diseñado para ayudar a los padres que se divorcian a deshacer su matrimonio, a convertir una casa en dos hogares donde la tónica sea la amabilidad, la bondad y el respeto hacia el prójimo. Si eres capaz de incorporar a tu proceso de divorcio todas o algunas de las sugerencias de las páginas que siguen, tus hijos no se limitarán meramente a sobrevivir a vuestra ruptura, sino que desarrollarán las capacidades que habréis labrado para ellos. Mis mejores deseos.

Juez Anne Kass
Alburquerque, Nuevo México

Introducción

Si estás leyendo estas palabras, seguro que estás pasando por un momento difícil en tu vida y en la vida de tu familia. Tanto si ya estás divorciado como en proceso de divorcio o considerando la posibilidad de hacerlo, este libro te ayudará a reflexionar sobre cómo va a influir en tus hijos.

El divorcio concluye el matrimonio, pero no pone fin a la familia. Tus hijos siempre serán tus hijos, y vuestro divorcio tendrá consecuencias a largo plazo para ellos. Hemos escrito *Cómo explicar el divorcio a los niños* para proporcionarte información acerca de estos efectos y para recomendarte formas que te permitan hablar con tus hijos acerca del divorcio de una forma afable y sincera.

Muchos de los consejos que te propondremos serán difíciles de aceptar tanto para ti como para tu ex cónyuge. No estás en una etapa de fácil cooperación con el padre/madre de tus hijos. Es posible que no desearas el divorcio y que te sientas asustado y traicionado. Tal vez tengas sentimientos amargos hacia tu ex cónyuge y anheles un tiempo de separación sin comunicación alguna. Quizá te sientas solo, confuso y herido. Es probable que la ira forme parte de tu estado de ánimo. Posiblemente te asalte un sentimiento de culpa en algunos momentos del día. A menudo, te encontrarás con poca energía para ejercer de padre. Todos los divorcios conllevan grados variables de emociones dolorosas, desagradables e incómodas, y tus hijos también las experimentan. No obstante, se trata de una época en la que los padres pueden tener una extraordinaria influencia positiva en la vida de sus hijos. A lo largo de este libro hablaremos del futuro de tus hijos y de las cosas que puedes hacer para influir positivamente en su futuro.

Lo que tus hijos necesitan de ti

Los niños necesitan a dos padres que los amen. Ésta es una verdad esencial. Necesitan un padre y una madre que cooperen en su crianza, independientemente de cómo os sintáis mutuamente tu ex cónyuge y tú. Aunque vuestro matrimonio se haya desvanecido, vuestro compromiso con los niños permanece. En realidad, vuestros hijos os necesitan más que nunca. Una parte de lo que puedes hacer por tus hijos consiste en contener esa hostilidad hacia tu ex cónyuge que se presenta de vez en cuando. Saber llevar los años posteriores al divorcio con dignidad y respeto hacia el otro ayudará a que los niños tengan un futuro mejor.

Los niños son muy resistentes. Los estudios que se han llevado a cabo para investigar los efectos a largo plazo que causa el divorcio en los niños, sugieren que éstos se adaptan mejor al divorcio cuando el nivel de conflicto y hostilidad entre los padres es reducido. Si es elevado, no se habitúan.

Aparte de la animosidad que pueda sentir una pareja en proceso de divorcio, pueden surgir otras barreras. El divorcio cambia las responsabilidades paternas. Antes de la separación, puede que uno de los padres se dedicara más a los niños en las tareas del día a día, y por tanto, que el otro miembro de la pareja no supiera a ciencia cierta cómo colaborar. Durante el matrimonio, los padres pueden haber tenido sus más y sus menos acerca de los deberes de los niños, los quehaceres domésticos, la hora de acostarse, los permisos, las actividades sociales y el comportamiento. Puede que un padre fuera muy estricto y el otro más permisivo. Estas preocupaciones se convierten en parte de los desafíos que los padres deben afrontar mientras trabajan para cuidar a sus hijos, tanto durante como después del divorcio.

Tú eres el modelo de comportamiento más importante para tu hijo. Esto abarca desde cómo comunicarte con tu ex cónyuge hasta cómo resolver los problemas que puedan ir surgiendo. Es posible que coincidáis en las ceremonias de graduación de vuestros hijos, en bodas y otros acontecimientos. Muchos adultos cuentan tristes historias, como la de que no pudieron invitar al padre y a la madre a la boda para evitar las posibles escenas que se podrían organizar. Una de las cosas más maravillosas que puedes hacer por tu hijo es intentar mantener una buena relación con tu ex pareja.

Comprendemos que este ideal no siempre resulta factible. Existen situaciones que exigen una manera distinta de ejercer de padres. Algunos padres abandonan a sus hijos. Otros, se muestran abusivos. Muchos no pasan la pensión. Otros simplemente desconocen las necesidades de los niños. Sea como fuere, es ideal que los padres cooperen en la crianza de los hijos.

Esperamos que tu ex cónyuge esté tan interesado como tú en reducir los efectos negativos que pueda causar el divorcio a los niños. Deseamos que los dos miembros de la ex pareja leáis este libro. Una aproximación reflexiva al proceso de copaternidad asegura un futuro mejor para vuestros hijos, tanto en sus relaciones actuales como en las que tendrán cuando sean adultos. Sin embargo, puede que te encuentres educándolos solo y que te preguntes cómo te puede ayudar este libro. Pues puede. Si la comunicación y la relación positiva entre vosotros no es posible, las ideas que presentamos en *Cómo explicar el divorcio a los niños* te proporcionarán apoyo y servirán para que aprendas a proteger a tus hijos de los conflictos entre tu ex y tú. Al mismo tiempo, sugerimos formas de hablar sobre el padre ausente que te pueden ser útiles si estás obligada a ejercer la paternidad en solitario.

La realidad es que, a menos que tus hijos estén gravemente maltratados por el otro padre, existen pocas cosas que puedas hacer para influir en la forma de educar de tu ex cónyuge. Tu ex educará a su manera, a veces diciendo o haciendo cosas que te desagradarán o con las que no estarás de acuerdo. Asimismo, el sistema legal no puede resolver la mayoría de las disputas entre los padres. Ni los tribunales ni tú podremos cambiar a tu ex pareja.

Lo que puedes hacer es decidir cómo vas a manejar la situación si se da el caso comentado. Mantén una actitud invariablemente positiva; hazlo por tus hijos. Por muy difícil que pueda parecer, conseguirás orientarlos hacia una vida mejor (y también a ti mismo). Tu esfuerzo para llevar la situación con donaire puede suponer grandes satisfacciones futuras. Cuando el dolor y la tristeza de este momento se convierta en un recuerdo, tus hijos te respetarán y te lo agradecerán.

Cómo utilizar este libro

Hemos escrito este libro para ayudarte (solo o con tu ex) a guiar a tus hijos en el proceso de separación y sus secuelas. Muchas de las cosas que recomendamos funcionan para los padres de niños que tienen entre siete y doce años. Pero gran parte de la información se puede aplicar también a niños menores o mayores de estas edades. Hemos diseñado esta obra no para abrumaros, sino para daros nuestra opinión y nuestro apoyo. Se trata de un libro de bolsillo, es decir, que puedes leerlo de una vez si lo deseas o llevarlo encima y leerlo poco a poco. Lo hemos dividido en varios temas encabezados por una afirmación. El libro aborda cada tema, proporciona importante información básica y sugiere el tipo de lenguaje que puedes utilizar para explicar determinadas situaciones a tus hijos y responder a sus preguntas.

Cómo explicar el divorcio a los niños gira en torno a las necesidades concretas de los niños cuyos padres se están divorciando o están ya divorciados. ¿Qué necesitan?:
1. Permiso para amar a papá y a mamá.
2. Que les expliques lo que está sucediendo, con paciencia, sinceridad y de una manera adecuada a la comprensión de su edad y nivel de desarrollo.
3. Saber que el divorcio es un problema de adultos y que ellos no tienen la culpa.
4. Poder formular preguntas y hablar sobre sus preocupaciones, miedos y demás sentimientos. Necesitan saber que sus padres les escucharán. Necesitan saber adónde deben dirigirse cuando deseen hablar con alguien que no sea uno de sus padres.
5. Estabilidad y capacidad para poder predecir los acontecimientos.
6. Abrazos, apoyo y amor.

Se trata de una etapa de grandes cambios tanto para vosotros como para vuestros hijos. Las grandes transformaciones siempre son estresantes. Tus hijos aprenderán muchas cosas de lo que les digas y de lo que hagas.

Roberta Beyer y Kent Winchester

«Nos vamos a divorciar»

Diles la verdad de una forma apropiada a su edad.

Todos los seres humanos necesitan tener un sentido de pertenencia, es decir, saber que existe un lugar para ellos en la Tierra. Para los niños, este lugar está en el hogar –u hogares–, con sus padres. Los niños cuyos padres se están divorciando necesitan tener la seguridad de saber que seguirán formando parte de una familia que los quiere, si bien es cierto que el divorcio puede menoscabar seriamente dicha seguridad. El huracán emocional que barre la vida de los pequeños durante y después de un divorcio puede ser devastador, aunque a decir verdad esto no tiene por qué ser necesariamente así. Vas a tener una extraordinaria influencia en la forma en la que tus hijos afronten y superen la ruptura. Compartiendo la información simple y llanamente contribuirás a demostrarles que están a buen recaudo. Diciéndoles una y otra vez que son importantes, que los amas y que no dejarás de hacerlo, les conferirás la estabilidad necesaria para soportar los embates de la galerna que se cierne sobre ellos a causa del divorcio de sus padres.

Tus hijos no olvidarán jamás cómo, cuándo y qué les dijiste en relación con el término de tu matrimonio. Será una de las conversaciones más importantes de su vida que te dará la magnífica oportunidad de empezar a ayudarlos a asumir y digerir el proceso del divorcio de una forma positiva. Los niños necesitan saber qué va a ocurrirles, que no son la causa del divorcio y que sus padres los siguen queriendo. Al hablarles del divorcio tendrás una espléndida ocasión de ayudarlos a comprender todas estas cosas.

Hablar con los niños acerca de la ruptura no es nada fácil; de ahí que sea fundamental que lo planifiques y reflexiones a fondo de antemano. Muchos padres bienintencionados demoran demasiado esta conversación. Algunos creen que ahorran sufrimiento a sus hijos no contándoselo tan pronto como han tomado la decisión. A menudo, el temor o el sentimiento de culpabilidad impiden a un padre iniciar la conversación. Aunque se trata de una situación comprensible, esperar hasta el último minuto es más perjudicial que contarles la verdad de inmediato.

Muchos pequeños cuyos padres están divorciados se lamentan de que nadie les dijo en el momento oportuno lo que estaba sucediendo o por qué. Con frecuencia, se enteraron de la ruptura el día en que mamá o papá se mudaron de casa. Imagina cuán terrorífico debe de ser esto para un niño. Darse cuenta, sin apenas preaviso, de que la familia va a cambiar de una forma tan radical puede hacer trizas el sentimiento de seguridad de los niños, incrementar su estado de ansiedad y contribuir a una falta de confianza en sus padres y en el mundo que los rodea.

Puede que te halles en una situación en la que te resulte imposible hablar con tus hijos con la necesaria antelación. Tal vez tu pareja se haya marchado de casa sin avisar. En tal caso, habla con ellos de lo ocurrido con la máxima honradez y serenidad posibles, sin decir nada negativo del padre ausente, como por ejemplo: «Papá se ha mudado. Todo ha sucedido muy deprisa y ambos nos sentimos muy mal. Lamento que no supierais lo que estaba pasando; es un problema de adultos entre los dos, pero me gustaría hablar de ello con vosotros muy pronto». Diles que pueden hablar con cada uno de vosotros cuando así lo deseen y haz todo lo posible para conseguir que tu cónyuge se reúna contigo y con los niños para hablar del divorcio. Si la súbita marcha de tu pareja ha pillado por sorpresa a tu hijo, deberás realizar un esfuerzo adicional durante las próximas semanas o incluso meses para demostrarle que lo amas y que siempre le proporcionarás un hogar confortable y seguro.

Si tú y tu cónyuge os estáis separando en lugar de divorciando, es igualmente importante que contéis a vuestros hijos lo que está ocurriendo. Podríais empezar diciendo algo así como: «Hemos acordado que es preferible para ambos vivir separados durante una temporada. Podríamos decidir divorciarnos o continuar nuestra vida juntos. Os lo contaremos cuando hayamos tomado la decisión. Entretanto, viviremos separados y pasaréis algún tiempo con los dos».

Directrices para hablar del divorcio con los hijos

A continuación examinaremos algunas directrices generales para explicar el divorcio a los hijos. Muchos de los aspectos y sugerencias que se contienen en este apartado se analizarán más a fondo a lo largo del libro. Lo que hay que contar y cómo hay que contarlo dependerá de la edad de los niños y de su nivel de madurez. Si os estáis separando, no divorciando, podéis seguir las mismas directrices.

1. Debéis estar presentes los dos. Aunque vuestra ruptura sea desagradable y difícil, dejadlo a un lado y hablad juntos con vuestros hijos. Es importante que os mostréis serenos y confiados durante esta conversación. Los niños necesitan saber que se puede confiar en sus padres incluso en una situación de crisis.

Elegid un momento en el que haya tranquilidad en casa: apagad el televisor y la radio, y aseguraos de que el teléfono no va a sonar. Sentaos frente a los niños y, especialmente en el caso de los muy pequeñines, acariciadlos o cogedlos de la mano mientras habláis con ellos.

> ### Si tienes que hablar tú solo con tus hijos acerca del divorcio
>
> Sí por cualquier motivo tu cónyuge no va a estar presente cuando hables con tus hijos respecto al divorcio, ten presente lo siguiente:
> - No culpes al otro padre.
> - Asegura a los niños que os seguirán viendo a los dos (si es cierto).
> - Diles que sabes perfectamente que quieren al otro padre y que esto está muy bien.
> - Diles que está bien formular preguntas, tanto a ti como al otro padre.
> - Diles que la decisión ha sido mutua: «Tu papá/mamá y yo hemos llegado a la conclusión de que no podemos vivir juntos».

2. Hablad con todos vuestros hijos a la vez. Si tenéis más de un hijo, tened esta conversación con todos a la vez. Con el tiempo, será necesario hablar a solas con cada uno de ellos, pero es importante que estén juntos cuando se enteren de la mala noticia. Si lo hacéis individualmente, pueden surgir problemas que compliquen y hagan aún más confusa si cabe la situación. Por ejemplo, los padres pueden comentarlo primero con un hijo mayor y pedirle que no diga nada a sus hermanos pequeños antes de que hablen con ellos. Como resultado, el hijo mayor podría quedarse con el mensaje de que el divorcio debe guardarse en secreto y que su familia es incapaz de hablar abiertamente, con franqueza, del asunto. Por otro lado, si la información se filtra y llega a los oídos de los más pequeños, a menudo se sienten marginados y tienden a preocuparse mucho más por lo que está ocurriendo.

3. Mostraos sinceros y facilitad la información apropiada. Explicad que os estáis divorciando y que viviréis en dos lugares diferentes. Haced saber a los niños que habéis intentado con todas vuestras fuerzas solucionar las cosas, pero que la convivencia es imposible. Decidles que lamentáis que el matrimonio no haya funcionado, pero que estáis haciendo lo mejor para ambos. Si habéis consultado con alguien más vuestra decisión de divorciaros antes de tomarla en firme (consejero matrimonial o espiritual), decídselo. También es importante que les comentéis que no ha sido una decisión fácil para ninguno de los dos.

El objetivo consiste en contar a vuestros hijos lo que está sucediendo y cómo les afectará, así como asegurarles que vais a cuidar de ellos y a satisfacer sus necesidades. No es adecuado que los niños sean testigos de vuestras disputas conyugales. Por ejemplo, si sólo uno desea el divorcio, pero no el otro, no es una información que haya que compartir con ellos. La decisión de un miembro de la pareja de poner fin a una relación matrimonial ocasionará una ruptura aunque el otro miembro no lo desee. La verdad que los niños necesitan oír en esta situación es la de que el matrimonio no dio resultado y que sus padres están preocupados y tristes ante tan lamentable final.

4. Decid a los niños que el divorcio no es culpa suya. Es probable que vuestros hijos crean que hicieron algo que provocó el divorcio. Aunque pueda parecer extraño, todos los niños del mundo suelen culparse a sí mismos del divorcio de sus padres. Decidles, ahora y repetidamente, que la ruptura no es culpa suya. Necesitarán oír este importante mensaje una y otra vez (véanse pp. 30-34 para más información sobre este tema).

5. Reafirmadles vuestro amor. A menudo, los niños temen que a causa de que su papá y su mamá hayan dejado de amarse, también dejen de quererlos a ellos. Decid a vuestros hijos que aunque en ocasiones los adultos dejan de amarse o de vivir juntos, el amor por sus hijos es eterno. Contadles lo felices que fuisteis los dos cuando nacieron. Aseguradles que los padres nunca dejan de querer a sus hijos aunque no continúen casados. Si el otro padre está ausente o no va a tener ningún contacto con los niños por ahora, di a tus hijos que también los quiere mucho («Ahora mamá no está aquí, pero a pesar de haberse marchado, sé que os ama con locura.»).

6. Hablad del plan de vida. Comentad a los niños que vais a ocuparos de todos los detalles relacionados con dónde van a vivir y cómo y cuándo van a poder estar con vosotros. Si ya habéis confeccionado una programación, explicádsela en términos generales. Decidles que estáis dispuestos a tener en cuenta su opinión acerca del nuevo plan de vida. No les preguntéis con quién quieren vivir o cuánto tiempo desean pasar con cada uno de vosotros. Dejad bien claro que sois vosotros los únicos responsables de este tipo de decisiones.

Facilitadles toda la información posible en relación con los planes de vida, mudanzas y programación de visitas. Es probable que tengan preocupaciones concretas en relación con temas tales como dormitorios, animales de compañía, juguetes, amigos y actividades. Aseguradles que haréis todo cuanto esté en vuestras manos para no alterar su vida.

A ser posible, si tenéis más de un hijo, decidles que no vais a separarlos. Muchos niños han manifestado que tener un hermano fue lo que más los ayudó durante el divorcio. Si por el contrario estáis pensando en separar a los niños, os sugerimos que habléis con un consejero matrimonial cualificado antes de hacerlo.

7. Preguntad a vuestros hijos qué desean saber. Durante la conversación también es muy importante fomentar las preguntas. Muchos niños, especialmente los más pequeños, no comprenden el divorcio y tendrán innumerables preocupaciones y falsas interpretaciones. Algunos padres dan por supuesto que saben lo que sus hijos están pensando y sintiendo, pero más tarde descubren que lo que realmente les preocupaba era totalmente diferente. Por ejemplo, una pareja explicó detenidamente a su hija cómo iría y regresaría de la escuela a partir de entonces. La niña les escuchó con el ceño fruncido y la mirada triste, sin decir una palabra y dando la sensación de no prestarles atención. El padre de la niña dijo: «Veo que estás enojada. ¿Te preocupa tener que ir a la escuela con dos autobuses escolares distintos?». La pequeña respondió preguntando donde viviría su perro. «Siempre saco a pasear a Botones después de la escuela», dijo. «¿Qué le ocurrirá si no estoy allí?» Invita a tus hijos a formular preguntas y a manifestar sus preocupaciones. Hazles saber que pueden preguntar cuanto se les antoje y en cualquier momento.

8. No juguéis al «juego del culpable». La conversación con vuestros hijos será difícil para ambos, en especial si os preguntan por qué os estáis divorciando. Ante todo, debéis responder siempre con la máxima sinceridad, aunque no es aconsejable compartir con ellos cuestiones de adultos ni situarlos en medio de vuestras disputas. Es esencial que tanto tú como tu ex cónyuge no deis la impresión de culpabilizaros mutuamente del divorcio. Tened en cuenta lo importante que es para vuestros hijos sentir que pueden amar y ser amados por los dos padres. Si se culpa al otro miembro de la pareja, los niños se sentirán como si en realidad los estuvieras culpando directamente a ellos.

Revelar detalles de los desacuerdos, hacer comentarios groseros o sarcásticos o sentarse en un enojado silencio son signos muy visibles para vuestros hijos. Ser testigos de la hostilidad o de un sentimiento de traición de sus padres puede ocasionarles problemas a largo plazo. Si las razones del divorcio incluyen cuestiones estrictamente relacionadas con la vida adulta, tales como discusiones o aventuras extramatrimoniales, explicad a los niños que se trata de temas que no podéis compartir con ellos habida cuenta de su edad. No mintáis, simplemente constatad que existe una cierta información imposible de compartir con ellos, puesto que, por un lado, deben seguir manteniendo la misma lealtad con los dos padres, y por otro, no están preparados emocional o intelectualmente para comprender muchos de los asuntos de los adultos derivados de un divorcio.

Es importante que intentéis ser lo más realistas posible en este diálogo, si bien es cierto que conseguirlo e imaginar cómo se debería responder a las preguntas con la máxima honradez posible sin sobrecargar a los niños con información que no desean o que no necesitan constituye un verdadero desafío. Al planificar esta conversación, deberías empezar formulándote la siguiente pregunta: «¿Qué necesita saber mi hijo sobre el particular? ¿Cómo se lo puedo explicar de una forma apropiada para que lo entienda?». Intenta predecir cuáles van a ser las preguntas más probables. Por ejemplo, un niño puede preguntar a su mamá: «¿Por qué se marcha de casa papá? ¿Lo has echado?». Es posible que la madre esté muy disgustada con papá, que tuvo una aventura y le hirió profundamente. En una situación como ésta, podría responder: «Papá y mamá tienen algunos problemas de adultos. No te contaremos lo que ha sucedido, pues forma parte de nuestra vida privada. Ambos nos sentimos muy mal y hemos decidido que no podemos seguir viviendo juntos».

> ### Si habéis cometido algunos errores al hablar con vuestros hijos
>
> Cabe la posibilidad de que ya te hayas separado o divorciado y tengas la sensación de que no has explicado las cosas a tus hijos con la delicadeza o sensibilidad necesaria. Tal vez estés preocupado por haber enviado mensajes mezclados o estés arrepentido de haber hecho determinados comentarios acerca del otro padre. Si te hallas en esta situación, planifica una nueva conversación más positiva con tus hijos. Lo ideal sería que os sentarais juntos tu ex cónyuge, los niños y tú. Podrías empezar diciendo lo siguiente: «Debió de ser muy duro para vosotros cuando mamá y papá se divorciaron. Por otra parte, no creo que os hayamos explicado el divorcio con la claridad necesaria e incluso es posible que hiciéramos algunas cosas que os disgustaran o confundieran. Lo lamentamos muchísimo y ahora desearíamos hablar del tema con vosotros».

9. Escuchar y observar. Cuando los niños oigan hablar del divorcio, experimentarán múltiples emociones. Se pueden sentir preocupados, entristecidos, enojados, confundidos, heridos, sorprendidos o incluso aliviados. Es posible que algunos de ellos den la impresión aparente de no estar sintiendo nada. Quizá simplemente se hayan encerrado en sí mismos para protegerse, lo cual no significa que no estén experimentando poderosos sentimientos o que las noticias no los afecten. A decir verdad, pueden sentirse tan abrumados que sean incapaces de afrontar la situación en aquel momento. Cada niño absorbe la información de un modo diferente. Prestad mucha atención y responded a cuanto oigáis y veáis (palabras, tono de voz, expresiones faciales y lenguaje corporal). Dejaos guiar por estas señales. Si vuestros hijos expresan emociones durante la conversación, escuchad e identificad sus sentimientos. Si dan la impresión de estar «descolocados», dadles tiempo y prometedles hablar de nuevo muy pronto. Indicadles con vuestras palabras, tono de voz, expresiones faciales y lenguaje corporal que estáis ahí para apoyarlos en todo momento y que estáis deseosos de hablar con ellos cuando lo necesiten.

10. Hablar con vuestros hijos una y mil veces. Después de esta primera conversación con los niños acerca del divorcio, vais a tener muchas más, tanto programadas como espontáneas, a lo largo de los próximos días, semanas, meses e incluso años. Si el pequeño parece estar extremadamente consternado o visiblemente indiferente, reanudad el diálogo cuanto antes. Hablando no se solucionará todo; existen tantas formas de procesar las emociones como emociones a procesar. Las necesidades de cada niño siempre serán diferentes. Algunos necesitan tiempo para hablar con más frecuencia que otros. Nadie mejor que vosotros conoce a vuestros hijos. Pensad en cómo afrontaron otras situaciones de estrés en su vida y guiaros por aquellas experiencias. Será difícil, pero lo conseguiréis.

El divorcio es doloroso para todos, pero también puede ser enriquecedor y revitalizante. Tenlo siempre presente en el estrés y la tensión que rodean al divorcio. Una de las ideas que conviene enfatizar a los niños es la de que el cambio es inevitable: forma parte de la vida. Ayudadlos a mantener su perspectiva recordándoles que aún les queda un largo futuro por delante, con mucho que ver, y que la vida será mejor para ellos –y para vosotros– con el paso del tiempo. Los cambios, sobre todo los de gran envergadura, pueden suponer una amenaza para todos los implicados, especialmente los niños. Por otro lado, también pueden ser emocionantes. La vida es una aventura, y navegar con rumbo a mares desconocidos puede constituir una experiencia excepcional. Así pues, conviene considerar los grandes cambios como oportunidades de vivir nuevas aventuras. Es posible que vuestros hijos se preocupen menos y jueguen más si os ven dispuestos a aceptar los cambios y a afrontar las aventuras.

Terminología que podrías utilizar

A lo largo de este libro te sugerimos el lenguaje que podrías usar en las conversaciones con tus hijos. Estas palabras no son sino meros ejemplos, y es posible que no siempre se ajusten a la situación específica de tu familia. Piensa en estas ideas como iniciadores de la conversación que puedes emplear a modo de desencadenantes al planificar y empezar el diálogo. También puedes consultar el «Glosario» que aparece al final del libro como referencia útil.

Podrías preguntar:

> «Tenemos algo muy importante que deciros. Mamá y papá no seguirán viviendo juntos. Nos vamos a divorciar. Queremos que sepáis que los dos os amamos con locura y que continuaremos cuidando de vosotros. Siempre nos tendréis a vuestro lado, así como a vuestras hermanas, hermanos y amigos.»
> «Queremos que sepáis muy especialmente que no nos divorciamos por algo que hayáis dicho o hecho. Sois lo mejor que nos ha sucedido y siempre os amaremos.»
> «Ambos nos sentimos muy tristes por el divorcio. Es probable que tengáis innumerables sentimientos y preguntas. Podemos hablar de ello ahora o más tarde, cuando queráis. Siempre que deseéis hablar del tema, decídnoslo, por favor.»

Podrías empezar diciendo:

«¿Qué sabéis acerca del divorcio?»
«¿Tenéis alguna pregunta en particular? ¿Cuál?»
«¿Qué os preocupa?»
«¿Cómo os sentís? Es bueno hablar de vuestros sentimientos.»

Tus hijos podrían preguntar: Podrías responder:

Tus hijos podrían preguntar:	Podrías responder:
«¿Dónde voy a vivir? ¿Quién cuidará de mí?»	«Mamá y papá van a vivir en dos casas separadas. Pasarás algún tiempo con ambos. Mamá se ocupará de ti cuando vivas con ella, y papá lo hará cuando estés con él.»
«¿Por qué no podéis estar juntos?»	«Hemos hablado mucho con un consejero matrimonial y hemos sido incapaces de solucionar nuestros problemas. Cuando los adultos no congenian, no tiene sentido estar casado.»
«¿Será como el divorcio de los padres de mi amiga Jennie?»	«Cada divorcio es diferente. El padre de Jennie se mudó a otro país, pero el tuyo seguirá viviendo aquí. ¿Qué más ocurrió en la familia de Jennie?» *(Esta pregunta te permite identificar exactamente los motivos de preocupación de tus hijos.)*

«No es culpa tuya»

Diles explícitamente a tus hijos que no tienen la culpa del divorcio, y asegúrate de que tus actos apoyan el mensaje.

Aunque muchos niños crean que así es, lo cierto es que la ruptura de sus padres no es nunca culpa suya. Cuando los padres se divorcian, a menudo los pequeños tienen la sensación de haber originado de algún modo aquella situación. Así, por ejemplo, un niño podría pensar:

- «Si mi papá se ha marchado debe de ser por algo que hice.»
- «Si mamá se quiere ir de casa, no debo de ser digno de cariño.»
- «No me limpié lo suficiente cuando me lo ordenaban.»
- «Armaba demasiado alboroto.»
- «Mis padres siempre discuten en mi presencia, de manera que el divorcio debe de ser culpa mía.»
- «Debo de ser el culpable, ya que papá y mamá se peleaban por mí y aún siguen haciéndolo.»

Aunque es posible que este tipo de ideas no te parezcan lógicas, con frecuencia los preocupan, o incluso creen que son ciertas. Casi nunca las expresan en voz alta, pero puedes tener la seguridad de que las piensan.

No esperes a que tus hijos te lo pregunten

No esperes a que tus hijos te pregunten: «¿El divorcio es culpa mía?». Anticípate a ellos y diles directamente que no es culpa suya. Reafírmales con tus palabras y tu actitud, y recuérdales que a menudo los adultos se divorcian a causa de los problemas que surgen entre ellos.

Asimismo, haz saber a tus hijos que ni tú ni el otro padre sois culpables de la ruptura. Aunque en realidad, en lo más profundo de tu corazón, no estés de acuerdo con esta afirmación, es imperativo que el niño no advierta ni tenga la impresión de que echas la culpa a tu ex cónyuge. Si cree que existe una culpa susceptible de ser atribuida, lo más probable es que piense en la necesidad de elegir bando o que se sienta confuso porque ama al padre al que pareces culpabilizar. El mensaje que debe oír tu hijo con claridad y regularidad es el siguiente: el divorcio es una solución de adultos a un problema de adultos y nada de lo que el niño haya dicho, hecho –o no hecho– pensado o deseado ha provocado el divorcio.

Discutir en privado

Cuando los padres discuten en presencia de sus hijos, la cuestión se complica aún más si cabe. Aunque la discusión no guarde ninguna relación con las cuestiones asociadas a los niños, éstos suelen tener la sensación de ser la causa de la pelea y, en consecuencia, del divorcio, lo cual puede contradecir a las múltiples declaraciones de «No es culpa vuestra», transmitiendo un mensaje confuso y entremezclado. Haz todo cuanto esté en tus manos para evitar las peleas en presencia de los pequeños. Si el otro padre intenta discutir contigo y sospechas que la atmósfera se podría cargar con facilidad, di simplemente en una voz neutra: «Hablaremos de esto más tarde. Te llamaré y concretaremos una cita». Luego, haz lo que has prometido. Estas discusiones pueden ser por escrito en el caso de que te resulte más cómodo este tipo de comunicación con tu ex cónyuge. Si el diálogo parece imposible, considera la posibilidad de reuniros con un consejero matrimonial o un mediador, que podría ayudaros a encontrar estrategias de cooperación mutua. También puedes pedirle a tu abogado, a un amigo, médico o consejero espiritual que te sugiera alguien con quien trabajar.

> ### ¿Qué ocurre si discutís en presencia de vuestros hijos?
>
> Si discutes con el otro padre en presencia de los niños, habla con ellos posteriormente y diles que no fue culpa suya ni de nada que hayan hecho. Podrías decir: «Lamento que mamá y yo nos hayamos peleado en vuestra presencia. En ocasiones nos enfadamos el uno con el otro, pero no estábamos enojados con vosotros». Los niños necesitan estabilidad y una forma de proporcionársela consiste en mostrarse sereno después de un estallido emocional del que hayan sido testigos presenciales.

Deberá transcurrir mucho tiempo antes de que la mayoría de los niños tengan la madurez emocional necesaria para comprender las innumerables razones, complicadas y a menudo sutiles, del divorcio de sus padres. Entretanto, se esforzarán por encontrarle un significado, recuperando con frecuencia la idea de que de algún modo podrían haber sido los culpables de la ruptura. Continúa apoyando y reafirmando a tus hijos y haz todo lo posible para dejarlos fuera del juego de la culpa entre tu ex cónyuge y tú.

Terminología que podrías utilizar

Podrías empezar diciendo:

> «Sé que ya hemos hablado de esto antes, pero es muy importante que sepas que el divorcio no es culpa tuya. A veces, los niños creen que de haber hecho algo diferente, mamá y papá aún estarían juntos. Pero no es así. Nada de lo que hicisteis nos empujó a divorciarnos. Teníamos problemas viviendo juntos que no tenían nada que ver con vosotros. Eran problemas de adultos, y el divorcio fue la forma que elegimos para resolverlos.»

> «Mamá y yo os queremos tal y como sois; en realidad, sois muy especiales para nosotros. Aunque ya no vivamos juntos, seguís siendo lo más hermoso que nos ha podido suceder jamás a los dos.»

> «Lamento que papá y yo nos hayamos peleado en vuestra presencia. Discutíamos acerca de nuestros problemas y no deberíamos de haberlo hecho estando vosotros ahí. Os habréis sentido como si tiráramos de vosotros en dos direcciones diferentes. Ambos os queremos y no deseamos que estéis en medio de nuestros desacuerdos. Procuraremos que no vuelva a suceder.»

Podrías preguntar:

> «¿Os preocupa que nos divorciemos por culpa vuestra? Hablemos de ello.»
> «¿Qué os induce a creer que sois los culpables del divorcio?»
> «¿Os sentís confusos o entre dos fuegos? ¿Podéis decirme por qué?»

Tus hijos podrían preguntar: Podrías responder:

«Si no es culpa mía, ¿por qué os peleabais por mí?»

«No siempre estamos de acuerdo en cómo gestionar las cuestiones relativas a cosas tales como tus deberes o las reglas que deberías seguir. Estábamos discutiendo sobre estas ideas, no sobre ti. No tienes ninguna culpa de nuestra pelea, y el divorcio no es una consecuencia de algo que dijiste o hiciste. Lamentamos haber discutido en tu presencia.»

«¿Es culpa de mamá el divorcio?»

«El divorcio no es culpa de nadie. Aunque parezca estar muy enojado con mamá, esto no significa que ella sea la responsable de la ruptura. Algunas cosas de mamá me disgustan. Cuando las personas casadas tienen problemas, no es culpa de una sola persona. Sea como fuere, estos problemas hacen que nos sintamos muy mal.»

«Por qué no intentáis llevaros bien tal y como nos decís que hagamos nosotros?»

«Siempre os hemos dicho que habléis de vuestros problemas y que intentemos resolverlos juntos. Por nuestra parte, hemos hablado y hablado acerca de nuestros problemas y la decisión que hemos tomado es la de divorciarnos.»

«Siempre te amaremos»

Asegura a tus hijos que los amas e implícate en su vida.

Cuando los niños se enteran de que sus padres ya no se aman y no van a poder seguir viviendo juntos, uno de los primeros temores que les asalta es el de que papá y mamá también dejarán de quererlos. Es una respuesta natural. Nuestras principales necesidades emocionales como seres humanos son el amor, la pertenencia, el aprecio y la aceptación, mientras que los principales temores son el rechazo y el abandono. Los padres deben dejar bien claro a sus hijos que no se están divorciando de ellos, que no los abandonarán jamás y que no dejarán de amarlos. Repíteles que siempre los querrás. Hazlo con la mayor frecuencia posible. Aunque es un mensaje que todos los niños deberían oír a menudo, aquéllos cuyos padres se han divorciado no suelen hacerlo con la frecuencia que sería de desear.

Resiste la tentación de desaparecer

Puede ocurrir que a un padre le resulte demasiado doloroso ver a sus hijos, sobre todo inmediatamente después de la separación. Si te sientes extremadamente herido o antagonista hacia tu ex cónyuge, podrías estar tentado de dejar de verlos durante algún tiempo. Evita este impulso; podría ser devastador para los niños.

Sea como fuere, si por cualquier motivo te resulta imposible ver a tus hijos durante algún tiempo, mantén el contacto con ellos. Llámalos, escríbeles y envíales e-mails. Hazles saber lo antes posible cuánto los quieres y que tu ausencia no es por su culpa ni por tu deseo. Además de decirles que los amas, es importante que los veas con regularidad y que participes en sus actividades escolares, sus vacaciones y su vida diaria.

Si ya cometiste el error de desaparecer de la vida de tus hijos durante un cierto período de tiempo o no te implicaste regularmente en su vida, no te culpes. Diles cuánto lo sientes y toma la decisión de mantener una relación más estrecha con ellos de ahora en adelante. Nunca es demasiado tarde para cambiar positivamente.

Y ¿qué ocurre si tu ex cónyuge se evapora en el aire y no te queda otro remedio que explicar su ausencia a tus hijos? Diles que el otro padre los quiere muchísimo, pero que por razones de adultos no puede estar a su lado en este preciso instante. No tienes por qué excusar su ausencia, sino reconfortar a los niños y asegurarles que no tienen nada que ver con ella. Aunque estés convencido de que tu ex cónyuge es un perfecto egoísta, irresponsable o inadecuado como padre, no olvides que el bienestar de un niño siempre se incrementa manteniendo una buena relación con ambos padres.

Si el otro padre ha abandonado a los hijos

Es natural que los niños cuyos padres se divorcian se pregunten si aquéllos dejarán de amarlos. Cuando un padre ha abandonado a los niños, esta preocupación es más profunda e intensa. Es posible que haya desaparecido de su vida o que se mantenga en contacto ocasionalmente con ellos, pero que básicamente no esté a su disposición. Si éste es el caso en tu familia, los niños deberían saber lo siguiente:

- Que no tuvieron la culpa de que el otro padre se marchara y que tú siempre los querrás.
- Que pueden hablar contigo y con los demás miembros de la familia acerca de su pérdida, temores y sentimientos.
- Que quieres que sigan amando a su otro padre.
- Que el padre que se ha marchado no está haciendo lo correcto, pero que esto no significa que no los ame.
- Que hay otros adultos además de ti (abuelos, tías y tíos, amigos de la familia) que los aman, apoyan y están dispuestos a ayudarlos.

Los expertos abogan por el concurso de un consejero para los niños que han sido abandonados. Si visitas a uno con regularidad, dile que te recomiende un buen terapeuta infantil. También puedes dirigirte a un trabajador social, abogado, pediatra o consejero espiritual en busca de una referencia.

Cuando entra en escena un nuevo adulto

Las nuevas relaciones que forman los padres pueden suponer una amenaza para el sentido de estabilidad del niño, haciendo que reafloren o se intensifiquen sus preocupaciones. Si sales o vives con un nuevo cónyuge o amigo, es posible que tus hijos teman verse remplazados por él. Aceptarán mucho mejor esta nueva relación si confían en que su lugar en tu vida no corre ningún peligro, lo cual se lo puedes demostrar de la forma siguiente:

- Repitiéndoles una y mil veces que siempre los querrás.
- Implicándote constantemente en sus actividades y dejando que participen en algunas de las tuyas.

Terminología que podrías utilizar

Podrías empezar diciendo:

> «Papá y yo nos hemos divorciado porque era la mejor manera de vivir separados. Aun así, los dos os amaremos siempre. En ocasiones, los adultos dejan de quererse, pero los padres nunca dejan de amar a sus hijos, y nosotros no dejaremos de hacerlo jamás.»

> «Nunca dejaremos de quererte. Nuestro matrimonio se ha terminado, pero seguiremos siendo tus padres durante toda la vida, lo cual nos hace sentir muy felices.»

> «Ya sé que echáis de menos a mamá y que no comprendéis por qué se ha marchado, pero no es culpa vuestra que se haya ido. A veces, los adultos se preocupan mucho de sus propios problemas y hacen cosas que carecen de sentido, como por ejemplo, abandonar a sus hijos. Espero que algún día mamá se dé cuenta de cuánto ansiáis verla y oírla. En cualquier caso, os quiero con todo mi corazón y estaré siempre a vuestro lado.»

Tus hijos podrían preguntar:	Podrías responder:
«Si os habéis dejado de amar, ¿qué debería hacerme pensar que no dejaréis de quererme a mí también?»	«Existen muchos tipos de amor, y el amor de los padres hacia sus hijos es el más poderoso. Nada que pudieras hacer o decir conseguiría que te dejáramos de querer.»
«Si papá se marcha, ¿tú también te marcharás, mamá?»	«Papá se marcha porque ambos hemos decidido que no podíamos seguir viviendo juntos. Uno de los dos tiene que irse, y va a ser papá. Pero aunque viva en otro lugar, pasaréis con él algún tiempo, hablaréis por teléfono y os escribiréis cartas. Yo me quedaré aquí todo el tiempo, y cuando no estéis con papá, estaréis conmigo.»
«Si mamá me quiere, ¿por qué se marchó sin decirme adiós? ¿Por qué no puedo verla o hablar con ella? ¿Por qué no me llama?»	«Mamá tiene problemas y a causa de ellos se ha olvidado de lo maravilloso que eres y de lo que se está perdiendo al no verte ni llamarte. Sé que estás triste y lo lamento de veras. Quiero que sepas que estaré siempre a tu lado. Te quiero mucho, al igual que el abuelo, la abuela Kate, la tía Cleo, el tío Trahn y Joel.»[*]

[*] Esta respuesta es una adaptación de *Helping Your Kids Cope with Divorce the Sandcastles Way*, de M. Gary Neuman, con Patricia Romanowski (Nueva York, Times Books, 1998), p. 259.

«No volveremos a estar juntos»

> **Deberás afrontar una y mil veces las fantasías de reconciliación de tus hijos.**

La mayoría de los hijos de padres divorciados desean que vuelvan a convivir. La más feliz de sus fantasías consiste en que sus padres compartan de nuevo un hogar y que la familia vuelva a estar unida. No piensan en el divorcio de la forma en la que lo hacen los adultos, es decir, no lo ven como una solución a los problemas de los adultos, sino que se aferran con tenacidad a su esperanza de que el divorcio llegará a su fin y que papá y mamá volverán a estar casados. Aun en el caso de que ya hayan contraído matrimonio con otras personas, los niños de todas las edades siguen confiando en una posible reconciliación (o incluso que todos los adultos, padrastros y madrastras incluidos, decidan vivir bajo un mismo techo).

Muchos niños creen que se producirá una reconciliación

Es posible que los niños más pequeños no sean capaces de distinguir sus deseos de la realidad, hasta el punto de que cuanto más quieren que sus padres se reúnan de nuevo, más creen que esto va a suceder. Dado que se muestran siempre muy predispuestos a pensar que el divorcio podría ser culpa suya («Papá y mamá se divorciaron porque yo era malo»), llegan a la fácil conclusión de que conseguirán reunirlos «siendo buenos». A menudo, invierten una gran parte de su tiempo y su energía imaginando formas de reconciliar a sus padres. Por ejemplo, si un niño enferma o tiene algún problema en la escuela, es probable que sus padres se relacionen temporalmente en un esfuerzo por afrontar la enfermedad o el problema en cuestión. En tal caso, el pequeño podría concluir que enfermando o teniendo problemas escolares logrará reunir a sus padres. El resultado podría ser más «enfermedades» o malos comportamientos para que mamá y papá estén juntos.

Supervisa con cuidado tus mensajes

Tú y tu ex cónyuge podéis decidir hacer algunas cosas juntos, como por ejemplo, ir al cine u organizar un almuerzo en familia. Si es así, recuerda que los niños pueden interpretar estas acciones como signos de una reconciliación en ciernes. Ten cuidado con los mensajes confusos y explica detenidamente a tus hijos que aunque la familia realice determinadas actividades junta, los dos seguís estando divorciados y que esto no va a cambiar.

Y ¿qué ocurre si tú y tu ex cónyuge estáis realmente considerando la posibilidad de reconciliaros? En este caso, no dejéis que lo sepan los niños hasta que estéis absolutamente convencidos de la decisión. Aunque os sintáis esperanzados y emocionados, no perdáis de vista el trauma emocional que han experimentado vuestros hijos y el nuevo esfuerzo que deberán afrontar si confían en la posibilidad de una reconciliación que luego, por cualquier motivo, no se materializa. Los niños experimentarán un sueño hecho realidad (sus padres conviviendo de nuevo) para luego sumergirse una vez más en la peor de sus pesadillas (divorcio).

No es infrecuente que uno de los padres desee e intente forzar al otro a una reconciliación, pero es importante admitir que esta decisión debe ser mutua. Por doloroso que pueda ser para el padre que quiere dar una segunda oportunidad al matrimonio, si su ex cónyuge no desea la reconciliación, ésta no se producirá. En este tipo de situaciones, es esencial no hablar con los hijos ni tampoco en su presencia acerca de la posibilidad de volver a estar juntos. No les hagas abrigar falsas esperanzas. Cierto o no, un mensaje como: «Quiero que seamos una familia, pero papá no» es lo último que debería salir de tu boca. Al oírlo, los niños se darían cuenta de inmediato de que estás culpando al otro padre del divorcio y de tu propia infelicidad, en cuyo caso podrían volver a enfrascarse en la cuestión de quién es realmente el culpable y de si en el fondo fueron ellos los que contribuyeron a desencadenarlo.

Terminología que podrías utilizar

Podrías empezar diciendo:

> «Supongo que os gustaría que papá y mamá volvieran a casarse y viviéramos todos juntos de nuevo. Pero esto no va a suceder. Estamos divorciados y vivimos en dos lugares diferentes. Le dimos muchas vueltas al asunto antes de decidir divorciarnos, y la decisión final es inamovible.»

> «En ocasiones me entristece que nos hayamos divorciado y no volvamos a vivir juntos nunca más, y sé que a vosotros también. Creo que mamá también se siente triste, pero así es como son las cosas y nadie va a cambiarlo.»

Podrías preguntar:

> «¿Comprendes que mamá y papá no vuelvan a vivir juntos? ¿Qué opinas acerca de este particular?»

> «¿Estás intentando encontrar formas que nos permitieran volver a convivir juntos? Dime lo que piensas, por favor.»

> «¿Podrías decirme algunas cosas positivas del divorcio?»

Tus hijos podrían preguntar:	Podrías responder:
«Los padres de Marco estuvieron a punto de divorciarse, pero al final no lo hicieron. Tal vez eso ocurra también en nuestra familia.»	«A veces, una pareja se separa durante algún tiempo. Intentan vivir por separado y luego es posible que decidan que no quieren divorciarse. Pero esto no es así en nuestro caso. Mamá y yo hablamos de nuestros problemas y decidimos que el divorcio era la mejor solución para todos. Y no vamos a cambiar de idea.»
«Si me porto superbién, ¿vais a reconciliaros?»	«Nos divorciamos a causa de nuestros problemas. Vosotros no tuvisteis ninguna culpa del divorcio y no hay nada que podáis hacer para cambiarlo. Ambos os amamos tal y como sois, y aunque estemos divorciados siempre os amaremos.»
«Papá dice que de haber sido por él aún estaríais casados. ¿Por qué, pues, no dejas que regrese a casa?»	«Vuestro padre y yo intentamos que nuestro matrimonio funcionara, pero no lo conseguimos. Queríamos cosas muy diferentes. Son problemas de adultos que sólo nos afectan a papá y a mí. Sé que es difícil de entender, pero es importante que sepáis que nunca volveremos a vivir juntos.»

«Puedes expresar tus sentimientos»

Asegura a tus hijos que sus sentimientos son importantes y que no están solos. Ofréceles formas de expresarlos y afrontarlos.

La mayoría de los niños sobrellevan el divorcio de formas predecibles. Tus hijos experimentarán muchas de las emociones que te invadirán en relación con la ruptura, tales como confusión, temor, estrés, enojo, frustración, ansiedad, tristeza y dolor. Debes tener en cuenta que van a pasar por el mismo proceso de sufrimiento que tú.

Sintoniza con los sentimientos de tus hijos

Es importante controlar el proceso de sufrimiento de tus hijos, y la mejor manera de hacerlo, ya se trate de un adulto o de un niño, consiste en reconocer, expresar y liberar los sentimientos, y hablar de las emociones es precisamente una de las formas en las que los niños pueden hacer las cosas. Si no los animas y les permites que hablen de sus sentimientos, es probable que actúen a raíz de los mismos, y con excesiva frecuencia, dichas acciones pueden ser perjudiciales.

Cuando se produce un divorcio, muchos niños, especialmente los más pequeños, pueden experimentar una regresión hacia una etapa previa del desarrollo, lo cual no suele ser un motivo de excesiva preocupación a menos que se prolongue considerablemente en el tiempo o que sea inusualmente grave. No obstante, los cambios de envergadura en el comportamiento son signos de que tu hijo puede estar teniendo serios problemas de adaptación. Los descensos y los ascensos súbitos en las calificaciones escolares son uno de dichos signos, al igual que los cambios significativos de personalidad o las malas compañías (nuevos e indeseables amigos). Aunque es lógico esperar emociones tales como el enojo y la tristeza, algunos niños las experimentan ininterrumpidamente y en grado sumo, lo cual sí constituye un verdadero problema. Hay quienes se volverán reservados, mientras que otros es posible que lloren demasiado o manifiesten un enfado extremo. Si observas estos signos u otros que te preocupen, háblalo con tu ex cónyuge y busca el consejo de un profesional para tu hijo y también para que te oriente sobre cómo deberías actuar para ayudarlo. Si el niño ha sufrido un abuso físico o emocional por parte del otro padre o ha presenciado un abuso en la relación entre los miembros de la pareja, es especialmente importante que acudas a un profesional para que te aconseje y oriente.

El proceso formal de divorcio puede en sí mismo asustar y provocar ansiedad en los niños. Divorciarse suele implicar la presencia de abogados y acudir al juzgado, aunque sólo sea con el propósito de firmar documentos. Si vas a tener que trabajar con abogados, mediadores o evaluadores de custodia, explica a tus hijos, aunque sólo sea resumidamente, lo que está sucediendo. No es habitual para ellos tener que hablar con expertos designados por el juzgado o con jueces durante el proceso. Además, los niños suelen prestar atención a las conversaciones que sus padres mantienen con abogados u otras personas acerca de un divorcio. Los profesionales que trabajan con niños durante un divorcio señalan que cuando hablan con ellos por primera vez, a menudo los pequeños no tienen ni idea de lo que está ocurriendo o de por qué tienen que hablar con ellos. En tal caso, se pueden asustar y temer que puedan llevárselos y apartarlos de uno de sus padres. Al igual que preparas a tus hijos para una visita al médico, también debes tranquilizarlos acerca del proceso judicial y familiarizarlos con lo que va ocurrir. Diles que estás colaborando con estos profesionales o con un juez para que te ayuden a diseñar el mejor plan posible para todos los miembros de la familia. Si van a tener que hablar con un especialista en relación con la custodia o el programa de visitas compartidas, explícales que se reunirán y hablarán con alguien, pero que no les pedirán que elijan entre papá y mamá.

Algunos niños experimentan un sentimiento de alivio con el divorcio, sobre todo en el caso de unos padres que discutían con frecuencia o de una atmósfera doméstica previa a la ruptura extremadamente tensa y desdichada. Si un padre tenía problemas con el alcohol u otras drogas, o mostraba un comportamiento física o emocionalmente abusivo, el niño podría empezar a sentirse aliviado al remitir la tensión y el miedo. Algunos pequeños se sienten confusos o culpables por el mero hecho de experimentar estos sentimientos. Si sospechas que éste puede ser el caso de tu hijo, hazle saber que está bien sentirse aliviado y esperar un futuro mejor.

Signos de sufrimiento y de problemas de adaptación*

Un niño que lamenta la conclusión de un matrimonio puede experimentar una amplia gama de emociones y conductas, incluyendo las siguientes:	Un niño que tiene dificultades de adaptación puede dar respuestas exageradas y mostrar otros signos de advertencia tales como:
cambios en las pautas del sueño	incapacidad absoluta para conciliar el sueño, dormir constantemente, pesadillas frecuentes
algunos problemas de salud	problemas continuos de salud, tales como dolores de cabeza o trastornos intestinales, cambios significativos en los hábitos alimenticios, pérdida o ganancia considerable de peso

culpabilidad	autoculpabilidad profunda, intentos de ser perfecto
enojo	comportamiento explosivo, destrucción, autolesión a propósito o lesión a los demás, problemas escolares, mentiras, robos
tristeza	introversión hasta el aislamiento, regalar sus pertenencias personales, llorar demasiado o expresar una profunda desesperación
aferrarse o mostrarse reservado respecto a los amigos	rechazar a los viejos amigos y entablar nuevas amistades que los padres consideran atípicas y/o indeseables
regresión en el desarrollo (comportarse como un niño más pequeño)	cambios significativos en la personalidad, escaparse de casa
aceptación del divorcio	renuencia a aceptar el divorcio

Si tu hijo o tu hija está experimentando estos signos de advertencia de posibles problemas de adaptación, es esencial que busques la ayuda de un profesional. Comparte tus preocupaciones con tu ex cónyuge y consulta de inmediato a un psicólogo, consejero o médico.

* Adaptado de *Children of Divorce in School-Age Care*, de Carole D. Weisberg (Nashville, TN, School-Age NOTES, 2000), pp. 13 y 24. Utilizado con autorización.

Ayuda a tus hijos a hablar de sus sentimientos

Anima a tus hijos a hablar de sus sentimientos cualesquiera que éstos sean, y procura que tengan la seguridad de que pueden hacerlo con la máxima sinceridad, aunque temas que lo que puedan decir vaya a herirte. Por ejemplo, si detectas un comportamiento que indica enojo, dile a tu hijo que es normal que se sienta disgustado y que está bien que te lo cuente. Algunos padres enjuician las emociones de los niños y dicen cosas tales como: «No hace falta que estés enfadado» o «No te lo tomes así». El problema con este tipo de respuesta consiste en que los niños llegan a la conclusión de que sus sentimientos son «malos» o «erróneos», en cuyo caso podrían reaccionar sintiéndose culpables e intentando negarlos o enterrarlos. No juzgues las emociones de tus hijos. Simplemente están ahí. El sufrimiento es natural, el enojo surge cuando tiene que surgir, la tristeza forma parte del divorcio y el miedo es normal, al igual que el estrés y la ansiedad.

Controla las expresiones faciales, así como las palabras cuando hables con tus hijos acerca de sus sentimientos. Procura no sonreír si uno de ellos dice algo negativo de tu ex cónyuge que te causa un momento de placer y evita también el impulso de fruncir el entrecejo cuando menciona algo positivo del mismo. Tus hijos os quieren a los dos. Os necesitan a los dos. Y necesitan que los hagas sentir cómodos para poder compartir sus emociones. Ahora eres la única persona que puede ayudarlos. Saber que se sienten lo bastante seguros contigo como para expresar aquellos sentimientos debería servirte de estímulo.

A algunos niños no les resulta fácil compartir o comentar sus sentimientos, mientras otros pueden atravesar por determinadas etapas del desarrollo en las que no deseen hablar de ellos, por lo menos con sus padres. «¿Cómo te sientes?» puede ser recibido con poco menos que un «Bien» a modo de gruñido sordo. Puede ser difícil ir más allá de las respuestas monosilábicas, pero es importante intentarlo. En ocasiones, los padres no captamos las pistas y señales que nos dan nuestros hijos. «Bien» puede significar que en realidad el niño está perfectamente y que simplemente no le apetece hablar. También puede ser una especie de respuesta mecánica que oculte el hecho de que el pequeño está manteniendo un combate interior consigo mismo y no sabe cómo hablar de ello. No existen directrices firmes y rápidas acerca de este particular. Procura evaluar todas las evidencias disponibles, manteniendo la puerta permanentemente abierta a la posibilidad de que tu hijo se sienta herido y necesite ayuda.

Formula preguntas abiertas

A la hora de animar a los niños a hablar de sus sentimientos, las preguntas abiertas son más eficaces que las cerradas. Una pregunta cerrada sugiere una respuesta de «sí» o «no» y nada más: «¿Te sientes confuso?» «¿Te preocupa algo?» «¿Estás triste?». Por el contrario, las preguntas abiertas invitan a los niños a decirte lo que están pensando y sintiendo. La forma más fácil de formular una pregunta abierta consiste en empezar por «cómo», «qué» o «por qué»: «¿Cómo te sientes?» «¿Qué te ocurre?» «¿Por qué crees que es difícil hablar de ello?».

Las preguntas abiertas no implican la existencia de una respuesta correcta o errónea; no dan pistas acerca de la respuesta que desearías oír, si bien es cierto que de vez en cuando tus hijos te darán la respuesta que creen que quieres oír, no en vano eres una parte importante de su mundo y quizá no deseen disgustarte. Por ejemplo, supongamos que preguntas a tu hijo: «Te ves muy malhumorado. ¿Te sientes infeliz?». Es posible que en aquel momento esté enojado o frustrado, pero al oír tu pregunta, decide que la infelicidad, y no el enojo, es lo que te resultaría más aceptable en este momento. Podrías modificar la pregunta del modo siguiente: «Te ves muy malhumorado. Cualesquiera que sean tus sentimientos, puedes hablarlos conmigo con absoluta tranquilidad. Cuéntamelo, por favor».

Las preguntas abiertas no garantizan necesariamente que los niños hablen libremente, pero por lo menos les animan a hacerlo. Tampoco pretendas someterlos a un tercer grado para efectuar un análisis minucioso de su estado emocional. Es posible que tengas que hacer varios intentos en diferentes momentos y de distintas formas para enterarse, poco a poco, de cuáles son sus sentimientos y decidir lo que podrías hacer para ayudarlos.

Dependiendo de la edad de tus hijos, deberías invitarlos a hablar de sus emociones en relación con la ruptura de diferentes maneras. A algunos niños de siete e incluso ocho años se les pueden formular preguntas indirectas, tales como: «Me pregunto cómo se sentirá tu osito de peluche teniendo que vivir en dos lugares distintos» o «Apuesto a que es difícil para el osito comprender todo esto. ¿Cómo crees que se lo podríamos explicar?».

A los niños mayores se les puede preguntar directa o indirectamente. Una pregunta indirecta podría ser: «¿Cómo han reaccionado tus amigos al enterarse de que nos estamos divorciando?» «Esto debe de ser muy duro para ti» o «No resulta divertido, ¿verdad?». Luego, pregunta: «¿Qué podemos hacer para mejorarlo?».

Anima a tus hijos a hablar con los demás

No es infrecuente que un niño cuyos padres se están divorciando piense que es el único en el mundo que está viviendo una experiencia tan traumática como ésta. Estos sentimientos de soledad y aislamiento pueden hacer que interiorice emociones desagradables, impidiéndole hablar de la experiencia. Recuerda a tu hijo que no está solo. Es muy probable que haya otros niños en la escuela o el vecindario cuyos padres también estén divorciados. Es posible que el pequeño ni siquiera se haya dado cuenta de ello. Ayúdale a descubrirlo.

A menudo, los niños se muestran reacios a comentar o incluso mencionar el divorcio de sus padres. Casi siempre tienen dificultades hablando de estas cosas y tal vez no comprendan lo que tanto les trastorna. Piensa en formas de ayudarlos. Por ejemplo, algunas escuelas disponen de grupos de apoyo para hijos de padres divorciados. Si no es éste el caso de la escuela de tu hijo, considera la posibilidad de hablar con la dirección con el propósito de crear uno. Diversas asociaciones asistenciales también organizan grupos para preadolescentes cuyos padres se hallan en fase de divorcio. Asimismo, es posible encontrar centros de juventud en innumerables iglesias y parroquias, donde suelen dar la bienvenida a los niños independientemente de que participen o no en las actividades religiosas organizadas. Aunque el grupo no esté enfocado al divorcio, tu hijo podría encontrar el apoyo de otros niños y de los líderes en este tipo de entornos estructurados.

Nadie mejor que tú conoce a tus hijos. Haz cuanto puedas para ayudarlos a abrirse y a hablar del divorcio. Insiste en que no están solos. Anímalos a formular preguntas. No sólo se sentirán mejor, sino que podrán ayudar a otros niños que tienen sentimientos similares. Cuanto más capaces sean de compartir su experiencia con serenidad, menos asustados y menos aislados se sentirán.

No te preocupes demasiado si un niño habla más de sus sentimientos con tu ex cónyuge que contigo. Todos los niños atraviesan múltiples etapas en su desarrollo, y durante algunas de ellas es posible que estén más próximos a su otro padre. A la edad de once o doce años, es natural y saludable que los niños empiecen a separarse de los padres. En tal caso, dado que los amigos de tus hijos pueden ser tan importantes para ellos como tú mismo durante la preadolescencia, podrían comentar sus emociones acerca del divorcio con otros muchachos de su misma edad. No obstante, sus sentimientos acerca de la ruptura matrimonial son muy poderosos y también necesitarán hablar con un adulto, ya seas tú, tu ex o alguien más.

Si por cualquier motivo tus hijos no parecen compartir sus emociones contigo, anímalos a que lo hagan con otros adultos de su confianza, y aun en el caso de que se muestren completamente abiertos hacia ti, siempre es una buena idea sugerirles que intercambien sus opiniones con otras personas con las que se sienten a salvo, tales como otros familiares adultos (abuelos, tías, tíos), padres de amigos, un profesor, cuidador, vecino, consejero matrimonial, trabajador social o consejero espiritual.

Los demás niños también pueden ayudar. Si tienes más de un hijo, te sorprenderá hasta qué punto se apoyan los niños entre sí. Anímalos a hablar. Muchos hijos de padres divorciados, hoy en día adultos, señalan que tener un hermano fue una de las cosas que más les ayudaron durante y después de la ruptura. Aprendieron a una tierna edad que los demás miembros de la familia pueden resultar de una extraordinaria ayuda a la hora de superar situaciones de crisis en la vida.

Proporciona a tus hijos otras formas de abordar sus sentimientos

Para los niños, lo más importante es expresar lo que sienten. Te observan detenidamente. Así pues, debes buscar formas de aceptar y abordar sus emociones. Diles que los sentimientos, en especial los desagradables, tales como el enojo y el miedo, pierden una buena parte de su poder cuando se liberan. Reconocer y hablar de las emociones más profundas ayuda a que los niños las superen paulatinamente. Veamos a continuación algunas formas con las que podrías ayudar a tus hijos a afrontar sus sentimientos:

1. **Actividad física.** El ejercicio físico es un modo saludable de expresar y liberar los sentimientos. Correr, chutar o batear una pelota, encestarla, saltar la cuerda o dedicarse a la práctica de aparatos gimnásticos son actividades que proporcionan una extraordinaria liberación emocional, al igual que bailar. Una respiración lenta y profunda constituye una liberación física más sosegada que también contribuye a aliviar el estado de ánimo.

2. **Llorar.** Las lágrimas son ideales para liberar la ira, el estrés, la frustración y la tristeza. Di a tus hijos, chicos y chicas por igual, que llorar les puede ayudar a sentirse mejor, ya que les permite exteriorizar los sentimientos que guardan en su interior. Ensalza siempre sus lágrimas.

3. **Dibujar y escribir.** Anima a los niños a dibujar o escribir sobre sus sentimientos. Tal vez deseen representar imágenes detalladas de escenas o situaciones que les están trastornando, o pintar con colores y movimientos que expresen su estado de ánimo. También podrías regalar a tu hijo un diario o bloc de notas. Invita a los niños a compartir sus dibujos y redacciones, pero hazles saber que siempre respetarás su intimidad.

4. **Música.** Para muchos niños la música es agradable y terapéutica. Puede ser un catalizador para la escritura, el dibujo y el pensamiento acerca de sus sentimientos.

5. **Reflexión.** Al igual que los adultos, en ocasiones a los niños les resulta útil sentarse tranquilamente y experimentar las emociones que cobijan en su interior, dejándose llevar por los sentimientos de enfado, miedo, soledad y sufrimiento, pero experimentándolos desde la distancia.

6. **Risa.** Los niños deben ser capaces de hablar, pensar en sus emociones, expresar y comprender sus sentimientos y liberarlos. Asimismo, necesitan descubrir a través de este proceso que las cosas mejorarán y que pronto estarán bien. Para que esto suceda, se requiere tiempo. A ti te corresponde recordarles y asegurarles que el tiempo corre a su favor. Y entre tanto trasiego, no olvides contri-

buir a la diversión y a la risa. Ver películas cómicas o espectáculos de televisión, contar chistes, leer libros de humor o cómics juntos puede distraer a los niños, alegrarlos y ayudar a difundir sentimientos positivos en su corazón. La risa es sana para todo el mundo: tus hijos y tú.

Cuando hablando empeoran las cosas

Para algunos niños, cuanto más hablan de sus sentimientos relacionados a la ruptura, más disgustados están. Al final, los padres pueden presionar a su hijo para que hable y descubrir que está al borde de la histeria. Cuando los pequeños se sienten extremadamente ansiosos y obsesionados por el divorcio, hablar de ello tal vez deba esperar. ¿Qué puedes hacer por ellos en esta situación? Reconocer sus profundos sentimientos y ayudarlos a desarrollar estrategias para distraerlos y tranquilizarlos. Cuando empiezan a sentirse abrumados por sus emociones, los niños podrían leer uno de sus libros favoritos, ver un divertido programa de televisión, jugar o hacer cualquier otra actividad que aliviara su estrés y renovara sus ideas.

Es posible que algunos niños no estén preparados para hablar de sus emociones durante un largo período de tiempo. Recurre a tus instintos y al conocimiento que tienes de tu hijo para decidir cuándo y cómo debes animarlo a expresar sus sentimientos. Si aun así, tu hijo o tu hija sigue teniendo serios problemas, consúltalo con un trabajador social, consejero o especialista en la escuela.

Terminología que podrías utilizar

Podrías empezar diciendo:

> «El divorcio es duro para todos nosotros. Algunos días me siento triste, y otras veces creo volverme loca. Probablemente te habrás dado cuenta de que hablo mucho por teléfono con tía Kay. Hablar de cómo me siento me ayuda muchísimo. Sé que también estás sintiendo un sinfín de cosas. Cualesquiera que sean tus emociones, está bien sentirlas. Puedes hablarme de ellas siempre que lo desees.»

> «En ocasiones tendrás la sensación de que eres la única persona del mundo cuyos padres se han divorciado, pero no es así. Hay otros niños en la escuela cuyos padres están divorciados y que viven en dos lugares diferentes, al igual que tú. Tu maestra me dijo que hay un grupo de niños que se reúne cada semana para hablar de la ruptura de sus padres. El consejero te hablará de ello muy pronto.»

Podrías preguntar:

> «¿Cómo te sientes?»
>
> «¿Qué piensas acerca del particular?»
>
> «Recientemente no te he visto sonreír demasiado. ¿Qué podríamos hacer para que te sintieras mejor?»
>
> «Creo que la mayoría de los niños cuyos padres se están divorciando se sienten bastante preocupados por lo que va a suceder. ¿Cómo te sientes tú?»
>
> «¿Por qué crees que te peleas tanto con tu hermana recientemente?»

Podrías preguntar:

«Ha habido mucha tensión en nuestra casa durante un largo período de tiempo. Ahora me siento aliviada. ¿Y tú?»

«¿Te gustaría intentar hacer amigos entre otros niños cuyos padres también se están divorciando?»

«Me gustaría que hiciéramos algo divertido juntos. ¿Qué podría ser?»

Tus hijos podrían preguntar: Podrías responder:

Tus hijos podrían preguntar:	Podrías responder:
«¿Es malo estar furioso con papá?»	«No, no es malo. Los sentimientos no son buenos ni malos, simplemente son como son. Sería una buena idea que hablaras con papá acerca de cómo te sientes.»
«¿Por qué no puedo ver a mamá hoy?»	«Sé que echas de menos a tu madre y que te gustaría verla antes del fin de semana. ¿Qué tienes previsto hacer con ella? *(Podrías animarlo a hacer un dibujo o a escribir una historia sobre lo que echa en falta.)* ¿Quieres llamarla y decirle que estás pensado en ella?»
«¿Por qué me siento siempre tan mal?»	«El divorcio es difícil en una infinidad de aspectos y provoca sentimientos muy desagradables. Háblame de tus malos sentimientos, por favor.»
«¿Cómo habéis podido hacerme esto mamá y tú?»	«Estás enojado por el divorcio y lo comprendo. Si fuera tú, también lo estaría. Pero aunque creas odiarnos, nosotros seguimos amándote mucho.» *(Podrías concertar una cita para que tu hijo hablara con otro adulto sobre sus emociones negativas.)*

«Así es como vamos a vivir»

> **Procura que los pactos de convivencia de tus hijos sean lo más humanos posible.**

Los niños piensan en concreto. Cuando sus padres se divorcian, sus preocupaciones son muy básicas: «¿Habrá suficiente que comer?» «¿Seguiré teniendo mi habitación?» «¿Dónde guardaré mis juguetes?» «¿Cuándo veré a papá?» «¿Seguirá viniendo mamá a mis partidos de fútbol?». A medida que vayas introduciendo cambios en el estilo de vida, deberás tranquilizar con frecuencia a tus hijos acerca de este tipo de preocupaciones, tanto si te lo preguntan directamente como si no.

Vivir en dos hogares es estresante. La confusión es constante: dónde está la ropa, dónde se quedaron los deberes, cómo establecer contacto con amigos y participar en actividades, y qué sucede día a día. Y lo peor es que, a menudo, esto no se simplifica para los niños a medida que va pasando el tiempo, sino que en realidad, muchos preadolescentes y adolescentes acaban expresando el deseo de poner fin al estilo de vida de hogar dual. Casi nunca subyace una reflexión sobre cada padre, sino que suele ser fruto del profundo cansancio causado por tantas idas y venidas.

Si tienes alguna duda acerca de que vivir en dos casas resulta estresante, tu ex y tú podríais probar una situación de vida diferente, que consiste en que los niños vivan en un hogar y que los padres se turnen yendo y viniendo. De vez en cuando, los tribunales ordenan este tipo de convivencia temporalmente, durante la resolución de las cuestiones legales. Muchos padres se hartan enseguida de vivir de esta forma, pero les da una idea muy aproximada de lo que experimentan sus hijos yendo de una casa a otra, y en ocasiones puede ayudarlos a tomar partido por unos planes de tiempo compartido que resulten lo más compasivos y llevaderos posible para sus hijos.

Considera lo que es mejor para tus hijos

La diversidad de estilos de convivencia que unos padres divorciados pueden ofrecer a sus hijos son innumerables y no existe una forma correcta o incorrecta de establecerlos. Lo que funciona para un niño puede ser absolutamente inadecuado para otro. Este capítulo ofrece algunas directrices generales para los pactos de tiempo compartido.

En la planificación del tipo de convivencia es importante tener en cuenta el temperamento, edad, madurez y necesidades de cada pequeño en particular. Si tienes más de un hijo, es posible que para cada uno de ellos haya que establecer una programación específica. Si bien es cierto que en la mayoría de los casos es preferible no separar a los niños, cabe la posibilidad de crear «tiempos especiales» individualizados, mañanas o tardes para que cada niño pueda estar a solas con un padre mientras sus hermanos están con el otro. Este tipo de pacto puede resultar particularmente útil para un niño que necesite atención extra de uno o de ambos padres.

Si tu ex cónyuge y tú estáis teniendo problemas para decidir qué es lo mejor para vuestros hijos, consultad a un psiquiatra o a un consejero matrimonial para que os orienten. También existen mediadores profesionales adiestrados para ayudar a las familias a alcanzar acuerdos durante el divorcio, incluyendo las decisiones relacionadas con el futuro estilo de vida de los hijos. Habitualmente, suelen ser menos caros que los abogados, trabajan mucho más deprisa y proporcionan una mayor satisfacción. Las parejas que se divorcian y que deciden optar por la mediación en todo o parte del proceso en lugar de litigar mutuamente en los juzgados, a menudo tienen menos conflictos futuros y mantienen una relación más sosegada, lo cual resulta ideal para los hijos. Consúltalo en los juzgados, pide referencias de un mediador a un trabajador social o búscalas en las páginas amarillas.

Por último, si no sois capaces de llegar a un acuerdo sobre lo que es preferible para los niños, un juez decidirá por vosotros, lo cual, casi nunca constituye la mejor manera de solucionar la cuestión. No es una buena idea para ninguno de los dos abdicar la responsabilidad de decidir el pacto de tiempo compartido. Conoces mejor que nadie a tus hijos. Cuantos más acuerdos puedas lograr, mejor será tu divorcio y los contactos ulteriores, y mejor será también, por consiguiente, la vida de los niños.

Las mudanzas constituyen un enorme problema para los hijos

Mientras planificas cómo vais a vivir tú y tus hijos, procura evitar a toda costa una verdadera mudanza en toda regla. El hecho de que un padre se vaya lejos disgusta y asusta a la mayoría de los niños. Tanto si tú o tu ex pareja se traslada a un par de puertas más allá del mismo bloque, a unos cuantos kilómetros o a otra comunidad completamente nueva, los niños experimentarán, en cierto modo, una cierta mudanza personal. Además de otros muchos pactos y consideraciones derivados del divorcio, mudarse de casa introducirá otro cambio en el rumbo de tus hijos. Una mudanza puede constituir un impacto muy grave en la seguridad del pequeño. Es aconsejable que tú y tu ex cónyuge les habléis de ello antes de hacerlo. No os toméis esta conversación a la ligera. Compartid con los niños las razones que hacen necesaria el traslado. Contadles con la suficiente antelación en qué va a consistir y dejadles bien claro que haréis cuanto esté en vuestras manos para facilitarles al máximo la transición.

Implica a tus hijos en la mudanza; conviértelo en una aventura:

- Varias semanas antes del traslado, empieza a hablarles del mismo. Pregúntales si tienen preguntas que hacer y responde honradamente y con serenidad. Si existe alguna posibilidad de que los niños tomen una decisión, como por ejemplo, de qué color pintar sus dormitorios o qué juegos y libros deberían llevarse, invítalos a hacerlo.

- Durante toda la planificación y con posterioridad a la mudanza habla a menudo con tus hijos acerca de las cosas que no cambiarán y que no han cambiado: seguiréis siendo una familia, siempre os amaréis, los niños seguirán teniendo determinadas pertenencias importantes, disfrutarán de sus actividades favoritas y disfrutarán de la comida familiar.

- Si es posible, llévalos a ver su nueva casa con antelación. Pasead juntos por el nuevo vecindario. Si no pueden verla antes del traslado, muéstrales fotografías de la casa y de otras áreas de la nueva comunidad.

- Ayuda a tus hijos a preparar cajas o mochilas individuales con aquellas importantes pertenencias que desearán tener consigo inmediatamente después de la mudanza.

- Tranquilízalos y ofréceles seguridad con muchos abrazos y la máxima rutina posible. Procura que haya otros parientes con vosotros mientras preparáis el traslado, pues proporciona serenidad y estabilidad a todo el mundo.

Todas estas acciones transmiten a los niños el importante mensaje de que todo marcha bien.

Y ¿qué hay de la nueva escuela y los nuevos amigos?

La escuela constituye el segundo hogar del niño. Para los más mayorcitos, la escuela es su mundo. Una nueva escuela significa tener que acostumbrarse a nuevos profesores, reglas, compañeros de clase y actividades. También significa hacer nuevos amigos y encontrar un lugar en este nuevo mundo. Cuando un niño empieza a asistir a una nueva escuela, tanto el «trabajo» de las tareas escolares como las conexiones con los amigos familiares y confortables resultan alterados. Además del trauma del divorcio y de otros muchos cambios derivados del mismo, cambiar de escuela puede constituir una experiencia extremadamente difícil, incluso abrumadora. Por todas estas razones, te recomendamos que hagas todo lo posible para no trasladar a tus hijos a otra escuela, y en caso de que no quede otro remedio, ayúdalos a adaptarse a ella teniendo en cuenta las directrices siguientes:

- Sé optimista pero honrado al hablar a tu hijo sobre cómo se hacen los nuevos amigos. Dile que eso es algo que lleva tiempo y que probablemente no resulte fácil, pero que estás convencido de que poco a poco conseguirá hacer amigos.

- Pregunta al nuevo maestro que te sugiera algunos niños con los que tu hijo podría congeniar, y luego organiza actividades o salidas para que se conozcan.

- Anima al niño a apuntarse a actividades para tener la oportunidad de conocer a otros niños que compartan intereses similares.

- Recibe con los brazos abiertos en tu casa a los nuevos amigos de tu hijo.

- Procura que tu hijo se mantenga en contacto con los viejos amigos.

Directrices para que la vida de idas y venidas resulte más fácil

Existen muchísimas cosas que puedes hacer para que las idas y venidas de tus hijos entre los dos hogares les resulten más fáciles. A continuación, encontrarás algunas ideas, aunque te animamos a que pienses en otras.

1. **Acuerda un pacto de tiempo compartido que no implique demasiadas transiciones.** Si tú y el otro padre tenéis un programa idéntico de tiempo compartido, existen innumerables formas de minimizar las transiciones. Un programa de semanas alternas, por ejemplos, tiene menos transiciones que otro de días alternos. Los planes de tiempo compartido se deben basar en la etapa de desarrollo de cada niño y en su grado de madurez. La programación necesitará ajustes a medida que tus hijos vayan creciendo. Los niños mayores y los adultos cuyos padres se divorciaron suelen manifestar que uno de los aspectos más frustrantes y desagradables de la ruptura fue lo que consideraban como una falta de información y elección en relación con los pactos de tiempo compartido. En las páginas 68-70 se examinan algunas formas de facilitar las transiciones.

2. **Asegúrate de que tus hijos juegan.** Puedes ayudar muchísimo a tus hijos procurando que se mantengan en contacto y jueguen con sus amigos importantes. Aunque esto puede implicar un sinfín de obligaciones de transporte por tu parte, merece la pena. También debes considerar una prioridad ayudar a tu hijo a establecer nuevos vínculos sociales, para que cuente con amigos en ambos hogares. Si el niño tiene una mascota, también deberás tomarla en consideración a la hora de confeccionar el programa de tiempo compartido. Las mascotas pueden resultar de mucha ayuda durante un divorcio.

3. **Haz hincapié tan a menudo como sea posible en los aspectos divertidos de vivir en dos casas.** Las diferencias entre dos casas se pueden convertir en un «plus» para cada una de ellas. Tal vez a un niño le guste más el dormitorio de una casa, pero le encante el parque que hay junto a la otra. Quizá sea divertido estar con los niños del vecindario de siempre, pero también resulta entretenido explorar una nueva biblioteca. Por otro lado, a muchos niños les satisface sobremanera la idea de disfrutar de dos fiestas de cumpleaños, dos Halloweens y dos vacaciones de verano. A partir de ahora, van a poder disfrutar de un tiempo especial con cada padre.

4. **Ayuda a tus hijos a llevar su propio calendario con la programación de visitas.** Esto les proporciona un sentido de control positivo y real. Pueden consultar el calendario siempre que lo deseen y comunicar a sus amigos dónde estarán y cuándo. Pueden verificar quién los recogerá después de la escuela. Un calendario les permite «ver» cuándo van a estar con el otro padre, aunque sólo sea en vacaciones o durante el verano. Un calendario es una herramienta especializada que alivia la confusión e incrementa el sentido de estructura y estabilidad del pequeño. Dales calendarios a tus hijos y ayúdalos a mantenerlos actualizados. Si tú y tu ex cónyuge todavía no habéis establecido un programa para los niños, diles que no tardaréis en hacerlo. Procura que sus rutinas diarias sean lo más iguales posible. Explícales que a partir de ahora deberán hacer un esfuerzo para estar organizados y que deberán contribuir a recordar algunas cosas.

5. **Entrega las maletas y las mochilas en la casa del otro padre los días de transición.** Puede ser muy embarazoso para los niños tener que llevar a la escuela una maleta o una mochila llena de ropa.

6. **Comunícate con el otro padre en relación con las cuestiones es-**

colares. De este modo evitarás que la carga de recordar a los dos padres todo lo relacionado con las tareas y los eventos escolares recaiga en tus hijos. Si la comunicación verbal es difícil, hazlo por escrito o por e-mail. No utilices a los niños para comunicarte con tu ex (más información sobre este tema en las páginas 97-100).

7. **Pide a los maestros que envíen copias de los comunicados escolares a las dos direcciones.** A tal efecto, proporciona a los maestros un juego de sobres franqueados y con la dirección escrita. Acepta este nuevo cambio en tu familia. Pide a los maestros que se pongan en contacto contigo y con tu ex cónyuge si advierten signos de dificultades de adaptación tales como fatiga, enojo, retraimiento o cambios en el comportamiento.

8. **Muéstrate predispuesto a cambiar el programa de tiempo compartido de tu hijo si parece tener problemas con él.** En ocasiones, los niños están tan estresados como resultado de sus programaciones de visitas que son incapaces de invertir un ápice de energía en sus tareas escolares o en el juego y la diversión. Sin embargo, estáte alerta ante la posibilidad de que la programación no sea un problema grave y que tu hijo simplemente te esté manipulando. Para averiguarlo, escúchalo atentamente, pregunta al otro padre qué tal parece marchar el pacto, ten en cuenta lo que sabes de su personalidad y sus necesidades, y fórmate tu propio juicio.

9. **No llegues nunca tarde a la hora de recoger a tus hijos en la escuela.** Tus hijos necesitan saber que son lo bastante importantes para ti como para que no te demores a la hora de la salida. No olvides que llegar tarde puede desencadenar temores al abandono en los niños. Aun así, si alguna vez te resulta absolutamente imposible llegar a tiempo, llámalos directamente o encarga a un adulto que les comunique que te has retrasado, pero que pronto estarás ahí.

10. **Prepara a tus hijos para el viaje si van a recorrer una larga distancia para ver al otro padre.** Recuerda que si van a coger un avión, tren o autobús solos, pueden estar asustados. Planifica detenidamente cada viaje que tengan que hacer. Llama a la compañía de transporte y haz todo lo necesario para que un adulto los acompañe. Verifica los reglamentos de las líneas aéreas y los procedimientos de acompañamiento. Procura planificar un vuelo sin escalas, pero si no queda otro remedio que cambiar de avión, procura que dispongan del tiempo necesario para hacerlo y que sepan exactamente cómo encontrar el vuelo que necesitan y qué adulto los ayudará. Cuando los niños estén viajando, estáte disponible por teléfono en cualquier momento.

Terminología que podrías utilizar

Podrías empezar diciendo:

> «Con el divorcio, viviréis conmigo una parte del tiempo y con mamá otra. Deberemos tener dos hogares organizados. Al principio, puede resultar complicado y confuso, pero mamá y yo haremos cuanto esté en nuestras manos para que la vida siga con la máxima normalidad. Nos podéis ayudar a decidir qué queréis tener en cada casa. Algunas cosas tendréis que llevarlas siempre de acá para allá, otras podéis dejarlas en casa de mamá, y otras, en fin, en mi casa. Va a representar un gran cambio para vosotros, pero juntos conseguiremos que funcione.»

> «Papá y yo tenemos que daros algunas noticias. Voy a mudarme a otra ciudad. Vosotros viviréis aquí con papá durante la mayor parte del tiempo e iréis a la escuela aquí, pero estaréis conmigo en verano y algunas fiestas. Tengo que marcharme a causa de mi trabajo y me hubiera gustado no tener que hacerlo. Ambos deseamos que comprendáis que no os estoy abandonando. Además del tiempo que pasaréis conmigo, hablaremos por teléfono y nos escribiremos cartas. Me

traslado el mes próximo y me veréis tan pronto como termine la escuela. Aunque papá y yo vamos a vivir en dos ciudades distintas, seguiremos cuidando de vosotros y hablaremos constantemente de las cosas que necesitáis, es decir, tal y como lo hemos hecho hasta ahora. Os amaremos siempre y siempre cuidaremos de vosotros.»

Podrías preguntar:

«¿Tenéis alguna pregunta acerca de lo que va a suponer vivir en dos casas?»

«¿Estáis preocupados por la forma en la que se va a desarrollar todo esto? ¿Qué desearíais saber?»

«¿Qué queréis saber acerca de la nueva ciudad a la que voy a mudarme?»

«¿Qué creéis que será diferente teniendo dos hogares? ¿Qué será igual? ¿En qué os parece que pueden resultar divertidos estos cambios?»

Tus hijos podrían preguntar: Podrías responder:

«¿Cómo voy a practicar el piano en el apartamento de papá?»

«¿Qué autobús cogeré desde la escuela para ir hasta la nueva casa de papá?»

«¿Qué ocurrirá si me olvido la medicina en casa de mamá?»

(Estáte preparado para responder a preguntas específicas como éstas relacionadas con las necesidades y la situación de tus hijos.)

Tus hijos podrían preguntar: Podrías responder:

«¿Cómo veré a mis amigos cuando esté en casa de mamá?»	«Tus amigos también pueden venir a jugar a casa de mamá. Hablaremos con sus padres y organizaremos encuentros.»
«¿Por qué tienes que marcharte tan lejos?»	«En mi empresa me han destinado a otra ciudad por motivos de trabajo. Por ahora no puedo encontrar otro empleo, de manera que tengo que mudarme. Pero hablaremos muchísimo por teléfono y correo electrónico. Vendrás a visitarme y yo también iré a visitarte.»
«¿Qué haré cuando vaya a visitarte? ¿Cómo voy a hacer amigos?»	«Seguirás yendo a la escuela aquí y por lo tanto continuarás teniendo aquí a tus amigos. Y cuando vengas a verme, te aseguro que también encontraremos amiguitos para que puedas jugar con ellos.»

«Contribuiremos a que sea más llevadero»

Proporciona a tus hijos la máxima estructura y regularidad posibles.

Un niño de diez años que conocemos nos dijo: «No me gusta tener dos almohadas diferentes». Toda una declaración acerca de lo que opina un niño ante la necesidad de vivir en dos hogares. Independientemente de lo mucho que vuestros hijos os quieran y deseen estar con los dos padres, desplazarse de una casa a otra será difícil para ellos. Esto es especialmente cierto en los períodos de transición. Las transiciones entre dos hogares son duras para todo el mundo, ya se trate de niños o de adultos.

Consejos para facilitar las transiciones

Hay varias formas de hacer un poco más fáciles las idas y venidas de tus hijos de una casa a otra, y en definitiva, también más fáciles para ti. Veamos algunas sugerencias al respecto:

1. **Lleva en coche o acompaña a los niños hasta la casa del otro padre.** Suele ser preferible que el padre de cuya casa se marchan sus hijos los entregue al padre «receptor». Esto facilita la transición para ellos, al demostrarles que el padre receptor no es la causa de ningún malestar que puedan sentir al marcharse de la casa del otro padre.

2. **Las transiciones pueden ser más fáciles si se producen en días de escuela.** A muchas familias les da excelentes resultados que un padre acompañe a los niños a la escuela y el padre receptor vaya a buscarlos a la salida. El cambio se produce en la escuela, en un entorno al que están acostumbrados, y no tienen que presenciar las interacciones entre los dos padres.

3. **Deja que tus palabras y tu actitud demuestren que el tiempo pasado con el otro padre es un factor positivo.** Evita las lágrimas delante de tus hijos en las transiciones. Si lloras o te muestras triste y les dices cuánto vas a echarlos de menos, se sentirán muy mal. Tal vez se te rompa el corazón cuando dejas a tus hijos en otra casa y luego te marchas, pero aun siendo tan doloroso, recuerda que tus hijos te necesitan. La confianza y la actitud positiva que les demuestres les dará a entender que deseas que amen y pasen el tiempo que sea necesario con su otro padre, y que sean felices mientras están con él. Si ven que sufres o eres desdichado, no transmitirás este mensaje. Respira profundamente y pon cara de normalidad. Guarda las lágrimas para cuando los niños se hayan ido. Dales un beso y un abrazo, diles que estarás bien en su ausencia, que quieres que lo pasen muy bien y que esperas verlos de nuevo. Es una forma práctica de demostrarles que no necesitas que sean tus cuidadores. El mensaje que envías es el siguiente: «Soy el adulto. Puedo cuidar de mí mismo al tiempo que cuido de vosotros».

4. **Di a tus hijos que los quieres y hazles saber cuándo volverán a tener noticias tuyas.** Tendrás que ser el juez a la hora de determinar si es preferible llamar más tarde el mismo día o bien esperar hasta el día siguiente. Es posible que ardas en deseos de llamar, pero elige el momento más adecuado para hacerlo sobre la base de lo que crees que es mejor para tus hijos. Cuanto más pequeñines sean, más probable es que tus llamadas los tranquilicen y estimulen.

Aun así, tal vez sea aconsejable esperar varias horas hasta que hayan tenido la oportunidad de aposentarse en la otra casa. En general, los niños más mayores no necesitan sentirse reconfortados hasta tal extremo e incluso puede sentarles mal que los llames el primer día.

5. **Cuando se hayan marchado tus hijos, intenta hacer algo agradable.** Podrías prepararte una taza de café, visitar a un amigo o amiga, ver una película, buscar un lugar tranquilo para llorar a tus anchas o irte a casa y poner un poco de música que te guste. Disfruta del paréntesis en tus tareas de paternidad.

6. **Cuando los niños regresen a tu casa, concédeles un período de adaptación.** Mientras tus hijos pasan por el proceso de reentrada, déjalos a su aire durante un buen rato antes de empezar con las actividades rutinarias del hogar. Guíate por ellos. Si se muestran «pegajosos» y te siguen a todas partes, es probable que no deseen que los dejes solos. Por otro lado, el distanciamiento puede ser un signo de que necesitan un poco de tiempo para acostumbrarse de nuevo al entorno. Imagina que cada transición es una especie de puente. Dales tiempo para que lo crucen.

Cuando un niño implora no ir*

Una de las preocupaciones más frecuentes que suelen expresar los padres divorciados en las disputas de la custodia es cuando se supone que el niño tiene que pasar un período de tiempo con el otro padre, pero

---

* El material correspondiente a «Cuando un niño implora no ir», pp. 70-72, es una adaptación de «A Child Cries, A Parent Misinterprets», de la honorable Anne Kass, juez de familia en Albuquerque, Nuevo México. Utilizado con autorización.

llora, grita e implora no tener que ir. Habitualmente, el padre que debe «entregar» al niño lo interpreta como que éste no quiere estar con el otro padre o que es incompetente, irresponsable o incluso abusivo.

En realidad, existen múltiples razones por las que los niños se resisten a ir de un padre al otro:

- Es posible que los niños no deseen pasar tiempo alguno con el otro padre, y en ocasiones por una buena razón, aunque esto suele suceder muy pocas veces (véase «Cuando el niño necesita protección», p. 74).

- Puede darse el caso de que los niños estén dispuestos a pasar algún tiempo con el otro padre pero sin abandonar al padre con el que están.

- Los niños podrían percibir ciertas señales no verbales que les llevan a concluir que el padre de cuya casa van a marcharse está triste por su partida. Cuando dicen que no quieren irse, en realidad no están reflejando sus propios sentimientos, sino los del padre.

- Los niños pueden creer que pedir quedarse de una forma insistente y obstinada complace al padre de cuya casa tienen que marcharse.

- Como ya hemos indicado con anterioridad, a los niños les puede resultar muy incómoda la transición de una casa a la otra. Suele tratarse de un problema temporal. Algunos pequeños se adaptan enseguida al cambio, mientras que otros necesitan más tiempo.

Cuando un niño se resiste a partir, lo más sensato es no extraer conclusiones apresuradas. Si la petición de no marcharse se convierte en una cuestión recurrente, lo mejor para tus intereses y los de tu ex cónyuge es buscar un consejero que ayude a la familia a determinar lo que está trastornando al niño.

Encontrar una solución al problema es tan importante como descubrir las verdaderas preocupaciones de tu hijo, y dicho sea de paso, interrumpir el régimen de visitas o de tiempo compartido casi nunca constituye la mejor respuesta. El consejero os puede ayudar a diseñar nuevas fórmulas con las que el pequeño se sienta más a gusto a la hora de repartir su tiempo entre las dos casas. A menudo, son los padres quienes necesitan aprender nuevas técnicas (cómo dar un permiso sincero a sus hijos para sentir y expresar amor hacia ambos padres, etc.).

Las transiciones figuran entre las cuestiones más complejas del divorcio. Para mucha gente, nunca llegan a ser fáciles. Pero existen momentos en los que puedes demostrar a tus hijos cuánto los amas. No existe una demostración más profunda del amor de un padre que dejar que sus hijos se marchen a casa del otro padre conscientes de que ésta es una experiencia especial para ellos y que constituye una parte importante de su vida.

Cuando un niño se comporta diferente en cada casa

La juez Anne Kass ha observado y escrito acerca de otra situación que puede surgir cuando los niños viven en dos hogares. En ocasiones, un niño se comporta como un hijo o hija «modelo» en casa de un padre, y luego hace gala de una pésima conducta en la del otro. Habitualmente, el padre que no tiene problemas en casa suele suponer que su ex cónyuge está haciendo algo que provoca el mal comportamiento. Con frecuencia, sin embargo, los niños se comportan mal con el padre que parece más estable o sensible. Según Kass: «El niño podría pensar: "Es más seguro para mí comportarme mal en casa de este padre. En efecto, es más seguro ser un niño aquí". Por el contrario, en casa del otro padre, podría sentirse inseguro o aceptar demasiada responsabilidad. En tal caso, el pequeño podría pensar: "Necesito mostrarme especialmente fuerte y bueno, pues este padre no tiene la paciencia necesaria para tolerar mi mala conducta y que me comporte como un niño"». La juez Kass recomienda a los padres divorciados cuyos hijos se comporten mal en una casa pero no en la otra que busquen el asesoramiento de un consejero.

Cuando las reglas son diferentes

Todos los niños necesitan predecibilidad y una estructura fiable en su vida, y en el caso de los niños cuyos padres están divorciados, esta necesidad es incluso mayor si cabe. Unas normas de comportamiento razonables proporcionarán a tus hijos la estabilidad y seguridad que tanto necesitan. Las reglas relativas a las tareas domésticas, modales, vestir, tareas escolares, hora de acostarse y actividades son, todas ellas, regalos de estructura que los padres hacen a sus hijos. Independientemente de cuanto puedan lamentarse y quejarse los niños, son conscientes de que las normas que has establecido demuestran que los quieres y que cuidas de ellos.

Ni que decir tiene que las reglas que se apliquen en tu casa y en la de tu ex cónyuge no tienen por qué ser necesariamente las mismas. Y está bien que así sea. Los niños pueden comprender y aceptar que algunas reglas, como por ejemplo, las relativas a comer golosinas entre comidas, hablar por teléfono o ver la televisión sean distintas en cada hogar.

Por tu parte, establece normas razonables y cíñete a ellas. En general, tus hijos, cuando se quejan de las reglas, te están poniendo a prueba. Como es natural, si una norma en particular da la sensación de crear un excesivo problema a tu hijo, muéstrate dispuesto a hablar de ello y a efectuar un cambio si crees que puede resultar útil. Lo que los niños deben saber es que controlas la situación y eres el único responsable de la misma.

Evidentemente, no eres perfecto, y habrá ocasiones en las que mantener las normas familiares represente un esfuerzo excesivo. Asimismo, todos los niños de vez en cuando intentan manipular las reglas y a sus padres. En este sentido, el divorcio les proporciona una excelente oportunidad, que no dudarán en aprovechar para intentar provocarte con argumentos tales como: «En casa de papá no tengo que hacer esto» o «¡Mamá nunca nos hace hacer esto!».

La paternidad no es un concurso de popularidad. Puedes tener la sensación, con o sin razón, de que tu ex cónyuge está intentando ser el mejor amigo de los niños, en lugar del mejor padre. Tal vez creas que existe un intento deliberado de enojarse o frustrarte mostrándose excesivamente tolerante con tus hijos, o quizá estés convencido de que las reglas en casa del otro padre son demasiado estrictas. Pero en realidad, también puede ocurrir que tu ex no tenga la culpa de nada. Hay personas que son lentas, desorganizadas o desconsideradas por naturaleza. Sinceramente, no hay mucho que puedas hacer al respecto excepto asegurar la estabilidad en tu casa. Si el otro padre es descuidado, poco estricto o ineficaz en relación con las reglas, ni tú ni los tribunales seréis capaces de hacerlo cambiar. Esto significa que lo más importante para ti es proporcionar a los niños una estructura predecible cuando estén contigo. Se experimenta una sensación de paz interior cuando se es consciente de lo que se puede y no se puede hacer, y cuando se es capaz de dejar a un lado la ilusión de que se puede cambiar el comportamiento del otro padre o su estilo de paternidad.

Cuando el niño necesita protección

Por desgracia, hay adultos cuyas técnicas de paternidad son extremadamente deficientes o cuyos propios problemas les llevan a mostrarse negligentes o incluso abusivos con los niños. Si crees sinceramente que tu hijo no puede estar a salvo con el otro padre, consulta de inmediato a un abogado, mediador o consejero. Un tribunal puede dictaminar un régimen de visitas supervisadas en el que el otro padre vea a su hijo en presencia de otro adulto que tanto tú como él hayáis acordado. Estos pactos no son frecuentes, pero pueden ser útiles en caso de abusos o negligencia grave.

Terminología que podrías utilizar

Podrías empezar diciendo:

> *Una hora antes de partir:* «Tenemos que marcharnos a casa de papá dentro de una hora. Procura que todo lo que quieres llevarte esté listo. No vayas a olvidar nada».
>
> *Media hora antes de partir:* «Vamos a salir muy pronto. Si te parece, dedicaremos algunos minutos a hablar antes de irnos. Guarda todas las cosas que vayan a quedarse aquí».
>
> *Si el niño se resiste a marcharse:* «Debe de ser difícil tener que marcharse ahora. Lo hemos pasado muy bien juntos, ¿no es cierto? Me encanta que estés aquí conmigo, pero ha llegado el momento de que nos vayamos a casa de papá. No querrás que lleguemos tarde. Espero que disfrutes muchísimo con él. Sé que estará muy contento de verte y quiero que seas muy feliz mientras estás a su lado. Te veré de nuevo el domingo por la noche. No olvides llamarme si lo deseas».
>
> *Al dejar al niño:* «Te quiero mucho. Te llamaré más tarde para decirte "hola". Me gusta que te quedes aquí con papá. ¡Te lo pasarás en grande!».

Podrías preguntar:

> «¿Qué tienes pensado hacer en casa de papá?»
>
> «¿Qué es lo que te resulta más difícil a la hora de marcharte? ¿Qué podríamos hacer para hacerlo más fácil?»

Tus hijos podrían preguntar:	Podrías responder:
«¿Por qué tengo que irme? ¿Por qué no puedo quedarme aquí?»	«Ahora estamos divorciados, pero mamá y yo necesitamos pasar un tiempo contigo. Ambos hemos acordado un programa, y este fin de semana te toca estar con ella.»
«¿Te sentirás mal si me divierto en casa de mamá?»	«Quiero que te lo pases lo mejor posible en casa de mamá. Aunque ya no estamos casados, los dos te amamos y deseamos que también nos ames. Ambos queremos que estés a gusto en las dos casas.»
«¿Por qué son diferentes las reglas?»	«Papá y yo tenemos ideas distintas acerca de las reglas, pero los dos te amamos y ambos tenemos reglas que queremos que cumpláis. En casa de papá seguiréis sus reglas, y aquí, las mías»
«¿Por qué eres tan estricto? Mamá no lo es.»	«Las reglas son importantes. Sé que algunas reglas son diferentes cuando estás en casa de mamá, y eso está bien. Pero ahora estás aquí y éstas son las reglas que rigen en esta casa.»
«Si una regla no funciona, ¿podemos cambiarla?»	«Dime lo que no te parece bien. Estoy dispuesto a cambiarlo si creo que va a ser bueno para ti.»

«Nos puedes querer a los dos»

Autoriza sinceramente a tus hijos a amar a los dos padres.

Aunque en ocasiones su comportamiento parezca indicar lo contrario, los niños quieren amar y complacer a sus dos padres. A menudo experimentan terribles conflictos de lealtad después de un divorcio o separación. Saben que ya no amas a su otro padre y dudan que te parezca bien que ellos sigan queriéndolo. Debes hacerles comprender que así es. En realidad, tienes que otorgar a tus hijos una «autorización» explícita para amar y pasar el tiempo necesario con tu ex cónyuge.

Pero desde luego no es una tarea fácil. Es natural para los adultos en un divorcio desear que quienes los rodean estén «de su parte» durante el período posterior a la ruptura. Con frecuencia, los padres que se divorcian están predispuestos a contar a cualquiera que quiera escucharlos –los niños incluidos– que la ruptura fue culpa de la otra persona y sus causas. Queremos que nuestros hijos crean lo que nosotros creemos, y puede ser difícil verlos amando a alguien a quien en su día también amamos pero que ahora ya no. A veces nos sentimos rechazados y asustados: «Si mis hijos quieren a mi ex, ¿quiere esto decir que han dejado de amarme?». Es una emoción natural que ocasionalmente surge entre muchos padres divorciados. Tampoco es infrecuente que se muestren resentidos hacia su ex pareja y que disfruten oyendo a los niños hablando de sus defectos. Aunque te sientas de este modo, lo más cariñoso que puedes hacer por tus hijos es animarlos a amar y respetar al otro padre. Y esto es cierto incluso hasta el punto, si es necesario, de ayudarlos a aceptar y perdonar las equivocaciones del ex cónyuge. Puede resultar muy difícil de asumir, sobre todo si sientes que tu ex está fracasando miserablemente como padre o fue la única causa del divorcio. Aun así, es lo que los niños necesitan de ti.

Autoriza a tu hijo a amar al otro padre

Si das «permiso» para amar, respetar e interactuar a tu hijo con el otro padre, tus acciones hablarán tan fuerte y claro como tus palabras. Existen varias formas de estimular al niño:

- Cuando eche de menos a tu ex cónyuge, respeta sus sentimientos. Deja que llame por teléfono a su papá o a su mamá si crees que así se sentirá mejor. Incluso podrías renunciar o intercambiar este segmento particular del tiempo que tu hijo tiene que pasar contigo. Tu predisposición a mostrarte flexible es un ejemplo positivo no sólo para tu hijo, sino también para tu ex.

- Deja que el niño tenga fotografías del otro padre en su dormitorio. Un álbum especial de fotos es una buena forma de hacerlo.

- Muéstrate interesado y feliz si tu hijo te cuenta lo bien que se lo pasó en casa de su otro padre.

De vez en cuando, es probable que alguno de tus hijos diga que detesta a tu ex cónyuge. Estas manifestaciones suelen significar que el pequeño está enojado con él. Cuando oigas estas cosas, ten presente que los niños suelen expresarse de este modo en todas las familias. En los hogares donde los padres no están divorciados, tales emociones son más fáciles de abordar. La tentación de un padre de fomentar la animosidad del niño hacia el otro suele brillar por su ausencia. Asimismo, la persona con la que el pequeño está enfadado está en casa o pronto lo estará, y podrá responder a estos sentimientos y contribuir a aligerarlos. Sin embargo, en las familias divorciadas éste no es el caso. Si bien es cierto que te podría sentar bien oír a tu hijo decir estas cosas, el resultado de animarlo, incluso sutilmente, a aborrecer al otro padre lo perjudicará. Cuando uno de los padres invita a no respetar al otro o intenta volverlo en contra del otro padre, es probable que llegue el día en que el niño se resienta terriblemente de ello. El refrán «Todo lo que sube, baja» puede ser una realidad para los padres divorciados. El disgusto que hoy se dirige hacia tu ex cónyuge, podría dirigirse hacia ti mañana o dentro de algunos años.

Es duro dejar que tus hijos amen a un padre cuya actitud hacia ti es ruda e irrespetuosa. Incluso puede ser insoportable. Por desgracia, el divorcio saca lo peor de algunas personas. Si esto es así en el caso de tu ex, tal vez experimentes semejante mezcla de traición, dolor, ira, disgusto, tristeza y frustración que te parezca casi imposible no exteriorizar tus sentimientos negativos. Pero por doloroso que esto sea, respira hondo y piensa en lo que es mejor para tus hijos. Si crees que tus sentimientos negativos hacia tu ex cónyuge están interfiriendo en tu paternidad, busca una ayuda exterior, acudiendo a un consejero matrimonial o espiritual. Tus hijos lo merecen.

Una de las circunstancias más difíciles a la hora de dar permiso a un niño para que ame al otro padre se produce durante o después de un divorcio en el que se ha cometido una traición grave, como por ejemplo, una relación extramatrimonial. La tentación de demonizar al cónyuge infiel es extremadamente poderosa en estas situaciones, al igual que el deseo de que los niños sepan lo que ha acontecido, con el fin de que no te culpen del divorcio. Pero éstas son cuestiones de adultos de las que los niños no deberían tener conocimiento.

Si en los años venideros resulta apropiado hablar de ello –y es posible que nunca lo sea–, será el cónyuge ofensor el que deberá comentarlo con los niños. También habrá ocasiones en las que tus hijos te formulen preguntas acerca del otro padre y cuya respuesta creas conveniente referir al mismo, como en el caso de relaciones con otras parejas, matrimonios subsiguientes, cuestiones financieras o profesionales, etc. Siempre con amabilidad, pero con firmeza, declina siempre responder o especular.

Terminología que podrías utilizar

Podrías empezar diciendo:

> «Ahora, mamá y yo estamos divorciados, pero no hemos dejado de amaros, ni nunca lo haremos. Sabemos que tampoco dejaréis de querernos. Quiero que améis a mamá y que paséis algún tiempo con ella.»

> «Sé que me amas, y también sé que amas a papá. Es estupendo que nos quieras a los dos y me siento muy feliz de que lo hagas.»

Tus hijos podrían preguntar:	Podrías responder:
«¿Hiere tus sentimientos que siga queriendo a papá?»	«Me encanta que quieras a papá y que desees estar con él. Tanto papá como yo te amamos muchísimo y siempre lo haremos.»
«¿Prefieres que no te cuente lo bien que me lo he pasado en casa de mamá?»	«Sé que te gusta estar con mamá y está muy bien que me cuentes lo bien que lo has pasado. Me hace muy feliz saber que mamá y tú os divertís juntos.»
«¿Tuvo otra relación mamá?» «¿Tuvo una novia papá antes de que os divorciarais?»	«Decidimos divorciarnos por un sinfín de razones de adultos. Algunas de ellas son privadas y quedan estrictamente entre papá y yo.»

«No debes inquietarte por el dinero»

Asegura a tus hijos que atenderás todas sus necesidades.

Después de un divorcio, el nivel de vida disminuye en la mayoría de las familias. Muchos pasan por un período de notables penurias económicas. Asimismo, los dos padres suelen tener que trabajar fuera de casa, aunque no lo hicieran antes de divorciarse. Los reajustes y las tensiones económicas afectan tanto a los niños como a los adultos. Aunque su comprensión acerca de las finanzas sea rudimentaria, son perfectamente conscientes de que el dinero es necesario para vivir y comprar cosas. También se dan cuenta –y se preocupan– de cuándo su nivel de vida ha experimentado cambios.

Protege a tus hijos de los temores económicos

A causa de su extremada necesidad de seguridad y estabilidad durante y después de un divorcio, es importante proteger a los niños de las preocupaciones económicas. Los expertos que trabajan con familias divorciadas coinciden en que hablar de las cuestiones económicas con los hijos no es una idea sensata. Por supuesto que conviene que comprendan que sus padres son responsables financieros de ellos y que satisfarán sus necesidades en todo momento. Pero no compartas información específica, como por ejemplo a cuánto asciende tu salario, qué pagas de alquiler o cuánto gana su otro padre. Son asuntos reservados para los adultos, y si se comentan con los niños, es probable que los confundan y preocupen innecesariamente.

Si tu ex cónyuge no está cumpliendo con sus obligaciones económicas, es preferible que tus hijos no lo sepan. No intentes reclutarlos para que intenten conseguir que empiece a pagar o para que lo haga sin tantas demoras. Evita darles la impresión de que culpas al otro padre de la situación económica, aunque realmente sea el único responsable de la misma. Mensajes tales como: «Pregúntaselo a tu padre; es el que tiene el dinero» o «Pregúntaselo a tu madre; ésta es la razón por la que le paso una pensión alimenticia» sitúan a los niños entre dos fuegos y pueden hacer que se sientan preocupados y culpables. Por otro lado, si tu ex cónyuge paga con regularidad y sin demora, no está de más decirles que es una persona digna de toda confianza que sabe asumir sus responsabilidades económicas en las dos casas. Es un mensaje muy reconfortante y tranquilizador.

Directrices para abordar la cuestión monetaria con los hijos

Veamos algunas sugerencias para que a los niños les resulte más fácil aceptar y adaptarse a una situación económica distinta:

1. **Responder a las preguntas sobre la marcha.** En términos generales, antes de sacar el tema de la economía familiar es preferible esperar a que tus hijos soliciten información. Responde con serenidad a las preguntas relacionadas con el dinero, diciéndoles que ahora no hay tanto, pero que aun así, es suficiente para satisfacer sus necesidades.

2. **Sé realista respecto a lo que os podéis y no os podéis permitir.** Es muy importante dejar claro a los niños lo que os podéis y no os podéis permitir. Si tus hijos saben lo que es posible y lo que no, ha-

brá una menor probabilidad de que esperen una moto, un ordenador o un par de zapatillas deportivas de última moda que si no tienen ni idea. Podrías decirles: «Hasta la fecha hemos podido permitirnos el lujo de comprar cosas que no eran de primera necesidad. Ahora no será posible comprar aquellos zapatos que viste ayer, pero no te preocupes, encontraremos un buen par de zapatos para ir a la escuela». Habla de la diferencia entre necesitar y desear algo. Sé muy realista en estos comentarios para que los niños consideren la situación «tal cual es» y no «qué triste y frustrante es». También puedes sugerir y buscar formas con las que puedan ganar y ahorrar dinero para comprar las cosas que ansían muy especialmente.

3. **Evita comprar cosas que no os podáis permitir.** La tentación de hacer que los niños y tú mismo os sintáis mejor comprándoles cosas puede ser muy poderosa. Si sucumbes a ella ocasionalmente, no hay de qué preocuparse, pero si se convierte en un hábito, ten muchísimo cuidado. Si tu ex cónyuge gasta el dinero a raudales con los niños en lo que sospechas que es un intento de comprar su afecto, no te preocupes demasiado. A menudo, los niños consideran esta conducta tal y como es.

4. **Intenta que tus hijos sigan realizando sus actividades extraescolares.** Haz todo lo posible para que tus hijos continúen participando de sus aficiones favoritas. Los niños necesitan realizar actividades fuera de la escuela que los ayuden a crecer y desarrollarse, y mucho más cuando su vida se ha visto perturbada por un divorcio. Si a tu hijo le gusta jugar a hockey, ir a clases de clarinete o hacer gimnasia, procura ingeniártelas como puedas con el fin de que pueda seguir adelante con esta actividad. Si tu economía simplemente no llega para tanto, intenta conseguir una beca o llegar a un acuerdo con la escuela para poder pagar unos honorarios reduci-

dos, sobre la base de tu situación y las circunstancias del caso. Si a pesar de todos tus esfuerzos te resulta imposible costear una actividad determinada, considera una prioridad encontrar otra igualmente atractiva pero menos cara en la que tu hijo pueda participar y disfrutar.

5. **Convierte una falta de dinero en una aventura.**
Dale rienda suelta a la imaginación para encontrar sustitutos menos caros a las cosas que tus hijos quieren que les compres. Inventa alternativas. En lugar de comprar ropa y juguetes nuevos, dedica un sábado a recorrer un par de mercadillos y tiendas en las que vendan prendas de vestir de segunda mano. En lugar de invertir el dinero en videojuegos, visitad museos los días de entrada libre. En lugar de alquilar películas, tómalas a préstamo en la biblioteca. En lugar de salir fuera a comer, planifica menús creativos con lo que tengas a mano. Jugad a juegos familiares e inventad otros nuevos. Explorad el vecindario como si se tratara de una excursión por un parque natural. Puede ser divertido buscar ideas para pasar fines de semana estupendos por poco dinero. Anima a tus hijos a que utilicen su fértil imaginación.

La pensión para los gastos de educación

El divorcio es caro y el nivel de vida de la familia suele descender durante un determinado período de tiempo después de la ruptura. Procura atenuar al máximo el impacto que pueda tener en tus hijos. La finalidad de la pensión para los gastos de educación consiste en igualar en la medida de lo posible el nivel de vida de las dos casas. Si estás pasando una pensión para gastos de educación, el dinero que das es para tus hijos, no para tu ex cónyuge. Aun así, muchos padres que pagan dicha pensión se lamentan amargamente por el hecho de no tener ningún control sobre el dinero y de cómo lo gasta el otro padre, aunque lo cierto es que no tienes nada que decir acerca de cómo se invierte una vez sale de tu mano. Tal vez te sintieras mejor si pensaras que lo que estás pagando es por el bien de tus hijos. Te aconsejo que consideres el cheque mensual como un regalo de amor hacia ellos y que te olvides de todo lo demás.

Si eres tú el destinatario de la pensión para los gastos de educación, existen algunas cosas que puedes hacer para asegurarte de que los cheques lleguen con regularidad y sin demoras. Una de las más sencillas consiste en tener presente que el dinero realmente es para tus hijos. Adminístralo con sensatez. Si los cheques suelen llegar a tus manos con una absoluta puntualidad, hazlos efectivos de inmediato y muéstrate agradecido. Aunque es una obligación legal para tu ex cónyuge pagarlos y hacerlo a tiempo, un «gracias» nunca está de más y siempre es bien recibido.

Cuando un ex cónyuge no pasa la pensión para los gastos de educación o presenta un historial considerable de pagos retrasados, existen remedios. El número de padres que evade esta responsabilidad es muy cuantioso. Cada país y cada comunidad autónoma dispone de sus propios tribunales a los que se puede acudir en solicitud de ayuda, así como de métodos destinados a ejecutar las resoluciones adoptadas en el marco de una sentencia. Si eres uno de los muchos desafortunados cuyo ex cónyuge no cumple con sus obligaciones económicas, te animamos a que hagas algo al respecto. La pensión para los gastos de educación es para tus hijos, y por lo tanto, cuando el otro padre no paga, son ellos los que salen perdiendo. Consúltalo con un abogado, pide información en los tribunales de familia o haz cuanto esté en tus manos para conseguir el pago. Tus hijos lo necesitan y se lo merecen.

Terminología que podrías utilizar

Podrías empezar diciendo:

> «Ahora que vivimos en dos casas, debemos administrar con más cuidado nuestro dinero. Dejaremos de hacer tan a menudo algunas de las cosas que solíamos hacer: ir a restaurantes, comprar montones de juguetes y ropa nueva, etc. Pero aun así, comeremos y seguiréis teniendo las prendas de vestir que necesitéis y juguetes con los que jugar.»

Tus hijos podrían preguntar:

«¿Por qué no tenemos tanto dinero como antes?»

«¿Por qué no podemos comprar cosas como antes?»

Podrías responder:

«Antes vivíamos en una casa y sólo teníamos que pagar por una. Tener dos cuesta mucho más. Sea como fuere, aunque tengamos que pagar muchas más cosas que antes, seguimos teniendo lo suficiente para las que realmente necesitamos, tales como la alimentación y la calefacción.»

«¿Por qué mamá tiene que trabajar ahora?»

«Ahora vivimos en dos casas y necesitamos dinero extra. El nuevo empleo de mamá contribuye a ello.»

Tus hijos podrían preguntar:	Podrías responder:
«El papá de Tommy nunca paga la pensión para los gastos de educación. ¿La paga papá?»	«Papá y yo tenemos un acuerdo acerca del dinero. Es algo que queda estrictamente entre nosotros y por lo tanto no quiero que te preocupes de ello.»
«¿Nos vamos a arruinar?»	«No, no nos arruinaremos. Tenemos el dinero suficiente para las cosas que necesitamos.» *O*: «No sé si alguna vez sucederá, pero lo que sí sé es que tendremos comida, ropa y un lugar cálido y seguro para vivir.» *También puedes preguntar:* «¿Por qué me lo preguntas?» *(Esto te ayudará a determinar de dónde procede la preocupación. Tal vez otro niño le haya hablado de ello a tu hijo o tu ex se lo haya mencionado.)*

«No debes preocuparte por mí»

> **No intentes convertir a tu hijo en un confidente y cuida de ti mismo.**

Divorciarse constituye una experiencia muy dura. Tu estilo de vida ha cambiado de una forma espectacular. Es posible que tengas que realizar dos trabajos para contribuir a satisfacer las necesidades familiares, trabajando fuera de casa por primera vez en muchos años o asistiendo a clases para adquirir nuevos conocimientos. Probablemente estarás haciendo muchas de las tareas que tu ex cónyuge solía hacer. También es posible que vuelvas a salir con alguien. Pero por encima de todo esto, eres un padre soltero o una madre soltera que se esfuerza al máximo para ejercer como tal y para salir de semejante prueba con una matrícula de honor. Son muchísimos cambios al mismo tiempo.

Me atrevería a decir que éste no es ni mucho menos el período de tiempo más estable o agradable de tu vida. Tus hijos lo saben y es posible que se preocupen por ti al igual que también les preocupa su propia situación. Las preocupaciones de los niños son muy concretas. Eres su seguridad y su protección, y tal y como ven el mundo, si tú no funcionas bien, cabe la posibilidad de que sus necesidades de supervivencia corran el riesgo de resultar insatisfechas. Tal vez se pregunten si serás capaz de organizarlo todo como solía hacerlo el otro padre (llevarlos a la escuela, actividades, cocinar, etc.). También podrían preocuparse de cómo te sientes y de si estás muy solo cuando ellos no están contigo. Incluso es posible que malinterpreten tus llamadas cuando se hallan en casa de tu ex cónyuge, creyendo que los echas de menos y que necesitas su cuidado.

Directrices para evitar que tus hijos tengan preocupaciones

Consciente de que probablemente tus hijos se preocuparán por ti, puedes adoptar ciertas medidas que te permitirán atenuar sus temores. Veamos algunas formas en las que podrías ayudarlos:

1. **Asegura a tus hijos que puedes cuidar de ti mismo.** Aunque te duela en el alma y los eches terriblemente de menos, debes esforzarte para que tus hijos tengan la seguridad absoluta de que estás bien y no necesitas que cuiden de ti. Es esencial para ellos.

2. **No cargues a los niños con responsabilidades de adultos.** Muchos hijos de padres divorciados y que hoy en día son adultos recuerdan haberse sentido como si de repente hubiesen perdido su infancia tras la ruptura conyugal. Dejaron de jugar, empezaron a cuidar de sus hermanos menores, a cocinar y a llegar por la tarde a una casa o apartamento vacío. Aunque sea un período de tiempo de mucho estrés, tus hijos siguen necesitando jugar y ser niños.

   Naturalmente, es una buena idea que colaboren en casa y que realicen algunas tareas adicionales. Ayudar en tareas apropiadas a su edad, tales como limpiar y ordenar su dormitorio, cuidar de las mascotas y turnarse en el desempeño de tareas domésticas diarias como por ejemplo lavar los cacharros o pasar la aspiradora, fomenta el desarrollo sano del niño, pero cargarlos con la responsabilidad regular de preparar las comidas, hacer de canguro, ocuparse de la colada y realizar todos los quehaceres domésticos es demasiado esperar. Si tus hijos te proponen asumir responsabilidades de adultos, agradéceselo, diles que puedes encargarte tú solo y sugiéreles otras tareas más razonables que puedan hacer en casa.

3. **Resiste la tentación de convertir a tus hijos en confidentes.** Aunque quieras hacerlo, no los conviertas en confidentes de tus nuevas relaciones, de tu opinión respecto a cómo está tu ex cónyuge u otras cuestiones adultas. Independientemente de lo maduros que puedan parecer tus hijos, comentar estas cosas con ellos puede someterlos a una excesiva presión en un momento en el que lo único que necesitan es oportunidades para pensar en su propia vida, ocuparse de los deberes escolares, pasar el tiempo con sus amigos y jugar. Los niños no son «adultos pequeños»; déjalos ser niños.

4. **Cuídate.** Si no comes o duermes lo suficiente, carecerás de la energía física y emocional que necesitas para cuidar de tus hijos. Si no te alimentas y buscas el apoyo de otros adultos, te descorazonarás y deprimirás más fácilmente. Cuida de ti mismo aunque estés muy fatigado, por muy apretada que tengas tu agenda diaria o por muy apremiantes que sean las necesidades de los niños. Recuerda que al hacerlo, no estás siendo egoísta, sino que te ayudas a ti mismo a ser un padre mejor. Quiérete. Sé amable contigo mismo. Perdónate. Respetando y satisfaciendo tus propias necesidades demuestras a tus hijos lo responsables que son los adultos en su forma de vivir y actuar, y esto sería imposible expresarlo con palabras.

Un modo de hacerlo consiste en buscar la compañía de otras personas adultas. Cuando te sientas solo, culpable, triste, confuso o asustado, llama a un amigo o hermano. Si tu situación económica te lo permite, acude a un consejero matrimonial o espiritual. También puedes integrarte en un grupo de apoyo y buscar orientación en libros especializados que puedan ayudarte a superar la situación durante y después del divorcio.

A muchos adultos les resulta difícil centrarse en su rol de padre durante este período de cambio. Los reajustes son colosales tanto para ti como para tus hijos. Tal vez no creas o ni siquiera desees oír las palabras: «Ya mejorarán las cosas», pero es verdad. Durante el proceso, es importante que te cuides. Procura sentarte y confeccionar una lista de las cosas que te hacen sentir bien. Piensa en tu infancia y en lo que te hacía sentir feliz y pletórico de energía. Ten la lista a mano y de vez en cuando léela y pon en práctica aquellas ideas que quizá pudieran aportarte un poco de bienestar en la actualidad.

Terminología que podrías utilizar

Podrías empezar diciendo:

> «Es estupendo que te preocupes por mis sentimientos, pero no tienes que preocuparte por mí. Sé cuidarme perfectamente.»

> «Ahora no me siento demasiado bien. El divorcio también está resultando muy duro para mí. Pero aunque me siento mal de vez en cuando, sé cuidarme. Hablo con Dave y el tío Matt cuando necesito ayuda de algún tipo y también visito regularmente a un psicólogo. Pronto estaré bien. Pero independientemente de cómo me sienta, recuerda que siempre cuidaré de ti.»

Podrías preguntar:

«¿Te preocupa cómo me siento?»

«Es genial que quieras ayudar en casa, pero últimamente estás trabajando demasiado. ¿Qué podrías hacer esta noche que resultara divertido en lugar de las tareas de costumbre?»

Tus hijos podrían preguntar: Podrías responder:

Tus hijos podrían preguntar:	Podrías responder:
«¿Por qué lloras tanto? ¿Seguro que vas a estar bien?»	«Estoy triste y llorar me ayuda a sentirme mejor. Me siento bien dejando salir mis sentimientos con las lágrimas. Estoy perfectamente y no quiero que te preocupes por mí.»
«¿Por qué son tan enojosos los adultos? Nos dicen que las cosas deberían de ir bien, cuando en realidad no parece que así sea.»	«El divorcio es duro para todos. Siento que te parezcamos enojosos, pero en ocasiones, expresar los sentimientos ayuda a sentirse mejor. Tardaremos un poco, pero papá y mamá estamos bien.»

«No vas a estar entre dos fuegos»

No hables mal del otro padre ni pidas a tu hijo que te guarde secretos. Establece tu propia comunicación.

Los hijos de padres divorciados experimentan terribles conflictos de lealtad. Desean complacer a los dos padres, y pueden sentirse culpables si imaginan que deben elegir entre uno y otro. En ocasiones, inconscientemente, los niños se colocan a sí mismos entre el padre y la madre diciendo lo que creen que quieres oír. Por ejemplo, podrían quejarse de su otro padre porque piensan que te complacerá.

Los psicólogos señalan que los niños, en lo más profundo de sí mismos, se consideran una mitad de cada padre. Es extremadamente importante que los padres divorciados lo comprendan. Hasta cierto punto, al criticar al otro padre, también pueden estar criticándose a sí mismos. Veamos lo que sucede cuando los padres se critican mutuamente. Supongamos que tu ex cónyuge llega tarde a recoger a los niños y dices: «¡Tu madre es una irresponsable!». Lo que en realidad puede estar oyendo tu hijo es: «¡Eres un irresponsable!». No importa que no lo hayas dicho; si expresas enojo hacia el otro padre en presencia de tus hijos, pueden creer que también estás enojado con ellos. Llevado al extremo, esto significaría que si dices: «Odio a tu padre», tu hijo podría oír: «Te odio».

Adopta una posición positiva en relación con tu ex cónyuge

Haz cuanto puedas para realizar comentarios positivos acerca de tu ex cónyuge. La regla de oro debería ser la siguiente: «Nunca duele decir algo bueno del otro padre, y siempre duele decir algo malo».

Cuando tus hijos digan cosas buenas de su otro padre, muéstrate de acuerdo con sus manifestaciones. Asimismo, deberás dejar claro que no quieres oír críticas del otro padre. Como es lógico, resulta imposible predecir específicamente las cosas peyorativas que podrían decir los niños acerca de tu ex, aunque en general suelen adoptar la forma de quejas relacionadas con el estilo de vida, como por ejemplo, aburrirse («No hay nada que hacer allí»), disgusto ante las reglas que rigen en la otra casa («Papá no me deja escuchar música al volumen que quiero») o ausencia de los mismos bienes materiales («No hay ordenador para jugar»). En estos casos, no vas a poder controlar casi nada de lo que ocurre en casa de tu ex pareja (véase «Cuando el niño necesita protección» en la p. 74; sugerencias sobre lo que debes hacer si tu hijo te cuenta algo relacionado con determinadas condiciones de vida peligrosas o si sospechas que existen graves problemas), pero lo que sí puedes hacer por los niños es demostrarles que los adultos establecen límites y los imponen. Cuando tu hijo se queje de su otro padre, anímalo a que hable con él sobre lo que le molesta. Podrías decir: «Parece como si estuvieras enojado con papá. Eso es algo que debes hablar con él».

Éste es el mensaje que deberás repetir muchas veces en múltiples contextos. Tal vez te ayude recordar que cuando los roles se inviertan, como acaba sucediendo irremisiblemente, te gustará que tu ex cónyuge fomente el respeto y el amor hacia ti.

Veamos otros consejos para evitar y recanalizar comentarios negativos acerca del otro padre:

NO HACER
- Someter a un interrogatorio a tu hijo sobre lo que ocurre en casa de tu ex cónyuge. Si quieres o necesitas saber algo, pregúntaselo directamente.
- Pedir a los niños que tomen partido en cualquier discusión que tengas con el otro padre.
- Preguntar a tus hijos con quién preferirían vivir o quién les gusta más.

HACER
- Analizar lo que sucede realmente cuando el niño se queja del otro padre. Para averiguarlo, coméntalo con tu ex. Podrías decir: «Kira se queja de cómo se organiza todo en tu casa a la hora de acostarse. Le dije que debería hablarlo contigo, pero quiero asegurarme de que lo sabías. ¿Crees que hay algún problema?». Si la comunicación verbal es difícil, hazlo por escrito.

No pidas a tus hijos que guarden secretos

Suele ser frecuente entre los padres divorciados pedir a sus hijos que guarden secretos, evitando decir ciertas cosas al otro padre: «No le digas a papá que nos vamos de excursión», «No comentes nada a mamá sobre mi novia», «No digas a tu padre que he comprado esto». Los padres divorciados tienen todo el derecho del mundo a disfrutar de una cierta intimidad acerca de su vida personal, pero pedir a tu hijo que guarde secretos no es la forma más adecuada de adquirirla y conservarla.

¿Por qué? Pues en primer lugar porque pedir a un niño que guarde un secreto constituye un medio infalible para tener la seguridad de que el secreto será revelado. El resultado es aún peor si cabe: se siente culpable de que le hayan pedido que ocultara algo al otro padre y de haberlo comentado.

En segundo lugar, al pedir a tu hijo que guarde un secreto le estás enseñando a mentir o engañar. La lección que aprende es muy clara: el engaño es aceptable. El pequeño la interiorizará y creerá que es correcto mentirte o mentir a los demás.

Es natural que quieras que tu ex cónyuge conozca el mínimo posible de tu vida, aunque por desgracia, a los padres divorciados les resulta difícil delimitar una zona de estricta privacidad a su alrededor. Desde el punto de vista de la experiencia de los niños, cuando los dos vivíais juntos os encantaba oír lo que cada uno de ellos había hecho con el otro durante su ausencia. Ahora que estáis separados, tus hijos no tienen por qué dejar de compartir necesariamente la información. Podría ser una buena idea decirles que no esperáis que os cuenten todo lo que ocurre en la otra casa. Sin embargo, para proteger tu intimidad, la mejor estrategia es evitar decir o hacer algo que no quieras que sepa tu ex cuando los niños están presentes. Es preferible dar por sentado que cualquier cosa que digas o hagas en su presencia llegará, de una u otra forma, a oídos de su otro padre. No estará de más aceptar que tu ex cónyuge va a saber más cosas de tu vida de las que te gustaría que supiera.

Establece tu propia comunicación

Puede ser muy tentador utilizar a los hijos para enviar mensajes al otro padre, sobre todo si la comunicación con él es difícil. Frase tales como «Di a tu padre que me llame» o «Dale este cheque a tu madre» pueden parecer inofensivas, pero considéralo ahora desde la perspectiva del niño: ¿y si se olvida dar el mensaje?, ¿qué ocurre si pierde el sobre?, ¿y si a tu ex cónyuge no le interesa lo más mínimo oír el mensaje?, ¿deberá transmitir un mensaje de vuelta? Es preferible tanto para los niños como para los adultos que los padres se comuniquen directamente, sin implicar a sus hijos. Si lo haces, les estarás enseñando respeto, responsabilidad y autorresponsabilidad, y lo más importante, evitarás que estén en medio de las comunicaciones de los padres.

A menudo, los ex cónyuges comentan que si pudieran colaborar juntos y comunicarse, seguirían estando casados. Lo cierto es que es difícil establecer una buena comunicación, pero vale la pena intentarlo. Si estás tentado de dar un mensaje a tu hijo para que se lo comunique al otro padre, reflexiona un poco y piensa por qué no quieres hacerlo personalmente.

Por otro lado, no está de más recordar que si tú y tu ex tenéis desacuerdos durante o después del divorcio, la mediación constituye un medio de resolverlos. En efecto, ante todo os puede ahorrar mucho tiempo y dinero. Asimismo, es menos estresante que los juicios de confrontación en los tribunales. Los mediadores no son jueces y por lo tanto no toman decisiones en vuestro nombre. Su función consiste en ayudaros a alcanzar acuerdos. Entre las múltiples ventajas de la mediación, la más significativa es que tanto tú como tu ex cónyuge ejercéis un control directo sobre los términos de los acuerdos. La rendición del poder y de la facultad de tomar decisiones a un extraño ataviado de negro debería ser el último recurso. Nadie mejor que tú conoce a tus hijos. Además, innumerables estudios han demostrado que es más probable que la gente se atenga a unos acuerdos en cuyo proceso de toma de decisiones ha tomado parte que quienes se han visto obligados a aceptarlos a través del dictamen de un juez. Aunque no consigas ponerte de acuerdo en relación con las divisiones de las propiedades y las cantidades de la pensión para los gastos de educación para los hijos, prestarás un gran servicio a tu familia si por lo menos eres capaz de mediar un pacto de tiempo compartido o régimen de visitas para tus hijos. En ocasiones, es preciso renegociarlos a medida que los niños van creciendo o a medida que la situación de los adultos cambia, y la mediación también puede resultar muy útil en todas estas etapas.

Reglas de divorcio para padres escritas por sus hijos*

1. No chantajearnos ni mimarnos en exceso para herir al otro padre.
2. No insultarse.
3. No discutir airadamente.
4. No herirse mutuamente.
5. No discutir por los hijos.
6. No llamar por teléfono para decirnos cuánto nos echáis de menos.
7. No enviar mensajes a través de los hijos. Estableced vuestra propia comunicación mediante notas, cartas o llamadas telefónicas.
8. Compartir el dinero por un igual.
9. No involucrarnos en las cuestiones personales, tales como el dinero y los problemas.
10. No echarnos la culpa de vuestros problemas.
11. No hablar peyorativamente a nadie del otro padre.
12. No arrojar ni romper cosas.
13. No enojarse con los hijos a causa de vuestros problemas económicos.

*Redactado y aprobado por el Longfellow Elementary School Divorce Adjustment Group, Albuquerque, Nuevo México. Los niños, de edades comprendidas entre los siete y los once años, escribieron estas reglas tras haber pasado por la experiencia de un procedimiento de divorcio en los tribunales.

Establecer una relación que podríamos llamar de «negocios» constituye un objetivo razonable para los padres divorciados, lo cual no significa que tengáis que sentiros a gusto mutuamente y permanentemente de acuerdo en vuestras decisiones, sino simplemente un diálogo educado. Esto se traduce en efectuar los pagos de la pensión para los gastos de educación en su debido momento, compartir de inmediato la información importante y participar en las funciones escolares de interés. Significa, en fin, establecer una relación de paternidad basada en la cooperación.

Si tu ex pone a tus hijos en medio

A veces, a pesar de los esfuerzos de un padre, el otro se niega a colaborar. ¿Qué puedes hacer si tu ex cónyuge sigue poniendo a tus hijos entre tú y él?

- Concéntrate en los niños y en sus necesidades. Si tu hijo te pregunta: «¿Por qué dice mamá que eres un mal padre?», podrías responder: «Mamá está enfadada conmigo. No creo que se dé cuenta de lo duro que es para ti oír cómo dice estas cosas de mí». Luego, habla acerca de lo que el pequeño puede hacer o decir para afrontar esta situación en el futuro, como por ejemplo: «Me disgusta que digas cosas malas de papá. No lo hagas más, por favor».

- Mantén la confidencialidad. Comentar al otro padre lo que han dicho tus hijos puede situarlos entre dos fuegos.

- Si necesitas comentar tus preocupaciones con alguien, acude a un amigo de confianza u otro adulto. Esto te permitirá liberar tu enfado sin implicar a los niños.

Terminología que podrías utilizar

Podrías empezar diciendo:

> «Te he oído decir que no te gusta la comida en casa de mamá y comprendo tus sentimientos al respecto, pero mamá es responsable de ti cuando estás con ella, al igual que lo soy yo cuando estás conmigo. Así pues, lo mejor que puedes hacer es hablarlo con mamá. Es algo entre ella y tú.»

> «Tu madre y yo estamos divorciados. Esto significa que no compartiremos tantas cosas como antes. No tienes por qué contarme lo que acontece en su vida a menos que sea verdaderamente importante para ti. Mamá se cuida de sus cosas y yo de las mías. Comprenderé perfectamente que no me cuentes nada de lo que ocurre en su casa.»

> «Me parece muy bien que quieras hablar con papá de lo que sucede cuando estás aquí conmigo, pero recuerda que si alguna cosa no te gusta, él no podrá hacer nada al respecto. Si tienes algún problema cuando estés aquí, te ruego que me lo digas. Aquí soy yo quien está a cargo de todo y por lo tanto soy la única que te puede ayudar.»

Podrías preguntar:

«¿Te sientes en un dilema al estar en medio de papá y mamá? ¿Puedes decirme por qué?»

«¿Qué crees que puedes hacer si hay algo que no te gusta de mi casa o de la casa de tu padre?»

Tus hijos podrían preguntar: **Podrías responder:**

«Me dijiste que podía hablar de mis sentimientos. Entonces, ¿por qué no me prestas atención cuando me quejo de mamá?»
«¿Qué puedo hacer si quiero que algo sea diferente en casa de mamá?»

«Algunas cosas es preferible que las hables conmigo y otras con mamá. Habla con ella si tienes algún problema en su casa. Es la única que puede ayudarte si alguna cosa te molesta cuando estás bajo su responsabilidad.»

«¿Tengo que elegir un bando?»

«No. No queremos que tomes partido por ninguno de los dos. Ambos te amamos y jamás te pondremos en medio de nuestros problemas de adultos.»

«¿Podríais hablar papá y tú? No quiero ser vuestro mensajero.»

«Tienes razón. No es divertido ser un mensajero, y no tienes por qué serlo. No volveré a pedirte que le digas nada a papá, y se lo comentaré para que él obre del mismo modo.»

«Seguimos siendo una familia»

Ayuda a tus hijos a comprender que, a pesar de los cambios, su familia sigue siendo una familia, y mantén el contacto con los demás parientes.

Con el divorcio, los hijos pueden tener la sensación de que han perdido a su familia. Es importante que los tranquilices y les asegures que aún la tienen. Explícales que la principal diferencia después del divorcio es que la familia, ahora, tiene dos casas. Aunque tus hijos no vean a tu ex cónyuge, oírte decir que siguen teniendo una familia es muy reconfortante para la mayoría de los niños.

La idea de la familia se complica un poco más cuando los padres contraen nuevas nupcias. A menudo, además de los padrastros, los hijos se encuentran con nuevos hermanastros y hermanastras. A los niños más pequeños esta situación les puede resultar especialmente confusa. Ayúdalos a comprender que siguen formando parte de una misma familia, aunque ahora ésta tiene un miembro adicional (en pp. 108-112, «Nuestra vida está cambiando», se analiza más a fondo el tema de las familias por segundas nupcias). Habla con los niños de los múltiples tipos de familias que existen en el mundo: pequeñas y grandes, biparentales y monoparentales, parentesco, familias por segundas nupcias, familias de adopción, etc., explicándoles que una familia es un grupo de individuos que viven juntos y cuidan los unos de los otros.

Durante y después del divorcio haz un esfuerzo adicional para fomentar las relaciones de los niños con los demás miembros de tu familia y de la de tu ex cónyuge. Continuar el contacto con los abuelos, tíos, tías y primos es fundamental en estos momentos. Estos contactos contribuyen a que los niños comprendan que el divorcio no ha puesto fin a su familia. Ten la seguridad de que la familia o el grupo de pertenencia puede ayudar considerablemente a tus hijos tanto a afrontar el divorcio ahora en la infancia como a potenciar sus propias relaciones adultas cuando sean mayores.

Los abuelos son especialmente importantes

Una de las principales preguntas que muchos niños se formulan es la siguiente: «¿Y mis abuelos?». Mientras la tormenta del divorcio asola su vida, los pequeños necesitan aferrarse al apoyo de sus abuelos y saber si su relación con ellos va a cambiar como resultado de la ruptura. Es más, los estarán observando detenidamente para intentar averiguar qué tal se llevan entre sí.

Es posible que tus padres estén predispuestos a reprochar un sinfín de cosas a tu ex cónyuge. Al fin y al cabo, eres su hijo o su hija y sienten, acertada o equivocadamente, que has sido traicionado. Pueden culpar a tu ex de todas las causas del divorcio. Incluso pueden estar tan enojados que se nieguen a hablar con él, al tiempo que también se sienten traicionados, sobre todo si realmente querían a tu ex cónyuge. Por su parte, los padres de tu ex pueden experimentar los mismos sentimientos hacia ti. Asimismo, hay veces en que los padres de las parejas divorciadas se disgustan con sus hijos adultos por haber tomado la decisión de poner fin al matrimonio. Es muy probable que todos los abuelos se sientan muy tristes por lo sucedido.

En esta vorágine emocional, tus hijos están en peligro. Aman a sus abuelos y aman a sus padres. Necesitan tener la seguridad que les proporciona este amor. Tanto tú como tus padres tenéis la obligación de protegerlos de las cuestiones adultas que acompañan al divorcio.

Si queréis ayudar a vuestros hijos, tu ex cónyuge y tú deberíais hablar con vuestros respectivos padres. Decidles lo importantes que son para vuestros hijos y recordadles también cuán importantes sois vosotros dos para ellos. Aseguraos de que comprenden que lo que más deseáis en el mundo es que los amen y que no les digan nada peyorativo acerca del otro padre. Decidles que os comenten personalmente cualquier cuestión relacionada con el divorcio.

La segunda cosa que puedes hacer para ayudar a tus hijos es hablar a solas con tus padres políticos. Diles que sabes lo importantes que son para los pequeños y promételes que no menoscabarás su relación con sus nietos. También les puedes pedir que no digan ni hagan nada que pueda darles a entender que están disgustados contigo. Muchos abuelos se muestran encantados de poder ayudar y valorarán en su justa medida las orientaciones que les das.

Podrías decir: «Ambos estamos comprometidos en ayudar a que los niños superen el divorcio y los dos os agradeceríamos que colaborarais. Podéis ayudar a los niños estando simplemente a su lado, escuchándolos, apoyándolos y amándolos.

»También os pedimos que no digáis nada negativo a los niños acerca de ninguno de nosotros dos. Necesitan saber que ambos los queremos y no deseamos que tengan la impresión de que uno de los dos es el culpable de la ruptura o que uno de los dos no es una buena persona. Sabemos que estáis tristes y enfadados, pero por favor, si queréis hablar de ello hacedlo con nosotros, no con los niños. Ambos vamos a cooperar para educarlos y agradeceremos muchísimo vuestra ayuda y vuestra comprensión.»

Utiliza el mismo lenguaje para hablar con los demás adultos que haya en la vida de vuestros hijos. Los amigos y la familia querrán saber cómo pueden ayudaros. Todas estas personas pueden proporcionar un maravilloso apoyo a los niños, especialmente si saben que deseáis que sigan formando parte de la vida de vuestros hijos.

Hay veces en que algunos adultos, sobre todo los abuelos, no se muestran predispuestos a cooperar de la forma en la que deberían hacerlo. En tal caso, quizá debas adoptar alguna que otra medida adicional, como por ejemplo permanecer junto a los niños durante sus visitas. No dudes en consultar a un consejero o mediador para que te ayude a decidir lo que deberías hacer. En casos extremos, podrías acudir directamente al tribunal que tramitó el divorcio.

Terminología que podrías utilizar

Podrías empezar diciendo:

> «Los padres se divorcian entre sí, pero no de sus hijos. Seguimos siendo una familia y lo seremos siempre, al igual que seguimos siendo tus padres y también lo seremos siempre. Tus hermanos y hermanas siempre serán tus hermanos y tus hermanas. Nada va a cambiar en este sentido.»
>
> «Tus abuelos también continúan formando parte de tu familia. Aunque estemos divorciados, tus dos abuelos y tus dos abuelas te siguen queriendo como siempre lo han hecho. esos sentimientos tan especiales que tienen hacia ti no han cambiado en lo más mínimo.»

Podrías preguntar:

> «¿Qué personas forman parte de tu familia?»
> *(Enseña a tus hijos a dibujar un árbol genealógico)*
>
> «¿Comprendes el hecho de que sigas teniendo una familia?»

Tus hijos podrían preguntar:	Podrías responder:
«¿Seguiré viendo a mi tía y a mis abuelos?»	«Sí. Tu tía y tus abuelos vendrán a visitarte, podréis hablar y te llevarán a un montón de sitios. También podrás seguir quedándote a pasar la noche en su casa.»
«¿Por qué está disgustada la abuela con papá?»	«La abuela está molesta a causa del divorcio. Creía que papá y yo estaríamos juntos toda la vida, y ahora, de algún modo, está convencida de que el divorcio es culpa de papá, cuando no es así. Papá y yo decidimos divorciarnos de común acuerdo, aunque a la abuela le resulte difícil comprenderlo. En realidad, sé que la abuela desea que sigas queriendo a tu papá.»

«Nuestra vida está cambiando»

> Si tú y tu ex cónyuge decidís formalizar nuevas relaciones, asegurad a vuestros hijos que nunca van a ser sustituidos.

Cuando tu ex cónyuge o tú formalicéis una nueva relación, tus hijos estarán pendientes de cada movimiento y escucharán todas y cada una de las palabras que pronuncies.

Lo más sensato es no apresurar el proceso de introducir un nuevo adulto significativo en la vida de los niños. Hazlo gradualmente, dando tiempo a todo el mundo para que se vayan conociendo poco a poco. Cuanto más cuidado tengas durante este período, más probable será que los pequeños acepten la relación, lo cual puede suponer un incalculable beneficio para todos.

Los romances tempraneros, es decir, aquellos que se producen poco después de una separación, no suelen durar demasiado. Si estás saliendo con alguien, pero tu relación no es de compromiso, es preferible no presentar a los niños un nuevo amigo casual o animarlos a que se acostumbren a su presencia. Espera hasta saber que la relación es probable que vaya a ser permanente. De este modo, protegerás a tus hijos de experimentar una nueva pérdida en su vida.

Las nuevas relaciones influyen en los niños

Si tu ex cónyuge tiene una nueva pareja, tus hijos necesitan tu «permiso» para que les guste esta persona y para aceptarla en su vida. Por muy doloroso que pueda ser, dar este permiso es fundamental para su felicidad y seguridad. Cuando sepan que cuentan con tu genuino permiso para aceptar al nuevo adulto, entonces decidirán por sí mismos cuáles deben ser sus sentimientos. No interfieras. Recuerda que necesitarás la misma cortesía por parte de tu ex cónyuge cuando seas tú quien introduzca una nueva pareja en la familia.

Si has encontrado una nueva pareja, es importante que tu ex lo sepa a través de tus propias palabras, no por los niños. Él es quien primero debe saberlo. Constituye una muestra de respeto hacerlo así y, por otro lado, una notificación privada os da la oportunidad de prepararos y de planificar cómo vais a hablarlo con los niños. Incluso una nota por escrito es preferible a omitir cualquier comentario.

Un segundo matrimonio plantea extraordinarios desafíos, tanto para ti como para tu ex, tus hijos, el nuevo adulto y sus hijos. Aunque es muy importante para ti que este segundo matrimonio sea un éxito, aún lo es más para los niños. Pasar por otra ruptura podría ser más duro que en la primera ocasión. Esta nueva relación tendrá unas probabilidades de supervivencia mucho mayores si por lo menos cuentas con el apoyo tácito del otro padre de tus hijos.

Informa a los niños y tranquilízalos acerca de la nueva situación. Se preguntarán si su dormitorio seguirá siendo el mismo, cómo cambiarán sus rutinas y si continuarás queriéndolos tanto como antes. No es infrecuente que piensen que, dado que hay una nueva persona en tu vida, es posible que hayas dejado de amarlos. Diles que los quieres igual que siempre y dedica un tiempo especial a cada uno de ellos. Procura que comprendan perfectamente lo que va a suceder y hazles saber cuán importantes son para ti, asegurándoles que esto nunca va a cambiar.

Explica el rol del adulto en la vida de tus hijos

Piensa detenidamente en cuál será el rol que va a desempeñar el nuevo adulto en la vida de tus hijos y explícaselo con claridad. Necesitan saber que un padrastro o una madrastra nunca sustituirán a su padre o madre real. Si eres el primero que trae a un padrastro o madrastra u otra persona significativa a la familia, deberás ser tú quien se encargue de ayudar a los niños a comprender que dicha persona ocupará una posición única en el entorno familiar y que no alterará su vinculación con sus padres reales. Cuando formalices un compromiso con una nueva pareja, habla seriamente con ella acerca de cómo esperas que sea su relación con tus hijos y explica a los niños que no ocupará el lugar de su padre o de su madre. Se trata simplemente de otro adulto que cuidará de ellos y que los orientará, pero papá y mamá siempre seguirán siendo papá y mamá.

En algunos casos, el nuevo adulto asumirá el rol de padre o madre. Si por ejemplo uno de los padres biológicos ha abandonado a los niños o si el nuevo padrastro o madrastra los adopta, pueden considerarlo como un padre real. No obstante, si tu ex cónyuge está plenamente implicado en la vida de tus hijos, es preferible modelar una relación diferente entre el padrastro o madrastra y los pequeños.

Explícales también que amas a esta persona y que te hace sentir feliz como adulto, pero tranquilízalos asegurándoles que tu nueva pareja nunca sustituirá a su padre o a su madre y que siempre los amaréis y cuidaréis de ellos. Aun así, y aunque no te lo comenten directamente, es muy probable que experimenten ciertas inseguridades al respecto.

Terminología que podrías utilizar

Podrías empezar diciendo:

> «Quiero decirte algo importante. Mi relación con Barry es cada vez más formal. Tengo la sensación de que algún día podríamos casarnos, aunque antes tendremos que ir acostumbrándonos poco a poco a esta idea. Tú y yo tenemos que hablar muchísimo de ello para que pueda responder a todas tus preguntas. Quiero que sepas que siempre te querré y cuidaré de ti, y que mi nueva relación no va a cambiar nada de todo esto.»

> «He oído decir a papá que vas a tener una nueva madrastra. Es estupendo, ¿no? Las madrastras pueden ser personas maravillosas, y apuesto a que Sandra lo será. Estoy segura de que cuidará muchísimo de ti, pues eres muy especial para ella. ¿Sabes? Yo siempre seré tu mamá y siempre te amaré, pero me parece muy bien que Sandra también te quiera. Quiero que papá sea feliz y que tú también lo seas. Me sentiré muy satisfecha si quieres a tu nueva madrastra.»

Podrías preguntar:

> «Te estarás preguntando cuál es mi opinión acerca de este particular, ¿no es cierto?»
>
> «¿Cómo crees que debe ser tener una madrastra?»

Tus hijos podrían preguntar:	Podrías responder:
«¿Mamá, ¿Michael es tu novio? ¿Vais a casaros?»	«Salgo con él. Es una buena persona y nos divertimos mucho juntos. Por el momento, nos estamos conociendo; todavía no estoy preparada para casarme de nuevo. No sé lo que va a suceder, pero por favor, no te preocupes. Si la relación se formaliza serás el primero en saberlo y hablaremos de ello. Entretanto, puedes formularme todas las preguntas que se te ocurran.»
«Papá, cuando te cases, ¿tendré dos mamás?»	«Ya tienes una madre. Renee nunca será tu madre, sino tu madrastra; es muy diferente. Renee será otro adulto que te amará, pero nunca sustituirá a mamá.»
«¿Qué ocurrirá si no me gusta vivir en esta nueva familia?»	«Un cambio como éste te puede asustar y disgustar, y comprendo que es lógico que al principio no desees vivir en tu nueva familia. Pero sé que lo harás, que con el tiempo te irás acostumbrando y que algún día incluso te gustará. Una familia con un padrastro o una madrastra significa más gente que te quiere y más gente a la que puedes amar.»

A modo de conclusión

El divorcio es un episodio en la vida, pero no es tu vida. Lo mismo es aplicable a tus hijos. La frase «Esto también pasará» esconde una extraordinaria sabiduría. Recuerda, y recuerda también a los niños, que la vorágine actual quedará atrás. Conseguiréis superar el divorcio. Dentro de un año, las cosas habrán mejorado considerablemente.

Cada mañana al despertarte, puedes recibir el nuevo día con miedo o con esperanza. Cualquiera que sea tu decisión, tus hijos te observarán y aprenderán de ti. Si les demuestras que eres capaz de afrontar la vida con confianza y seguridad en ti mismo, ellos también se esforzarán por hacerlo. Saber que son amados y que están en buenas manos les permitirá afrontar el mundo con optimismo y sin ansiedad. Éste es el extraordinario don del amor.

El cambio es inevitable en la vida. Cuando los vientos soplen con fuerza en la vida de tus hijos, deberán estar bien equipados para sortear las tormentas. Y recordarán. Recordarán que en un momento de gran desafío, tristeza y desesperanza, les enseñaste a recibir el nuevo día con confianza, con amor y sin miedo.

Glosario sobre el divorcio

Veamos a continuación y en orden alfabético una lista de términos y definiciones básicas para los niños que te pueden resultar útiles. A partir de esta información, utiliza tu propio lenguaje para explicárselo.

Abogado: Hombre o mujer que ayuda a un padre o al otro respecto a los detalles jurídicos del divorcio. En general, la madre y el padre tienen su propio abogado. El abogado acompaña al tribunal al padre o a la madre para hablar con el juez.

Consejero: Hombre o mujer que habla con la gente acerca de sus sentimientos y que les ayuda a resolver sus problemas y a sentirse mejor. A veces, con el divorcio, los hijos y los padres necesitan ayuda para comprender y afrontar sus sentimientos o decidir qué camino tomar. Un consejero puede facilitárselo conversando con uno de los padres, con uno de los hijos, con los dos padres al mismo tiempo o con toda la familia al completo. El término consejero engloba un amplio espectro de profesionales, desde terapeutas, psicoterapeutas, trabajadores sociales clínicos, psicólogos o terapeutas mentales.

Custodia: Término que define la forma en la que los padres toman decisiones en nombre de sus hijos. En muchos divorcios, ambos padres toman importantes decisiones juntos acerca de los niños. En tal caso, hablaremos de custodia conjunta o compartida. Cuando un padre dispone de la toma de decisiones exclusiva, nos hallamos ante un supuesto de custodia única.

Divorcio: Término jurídico que equivale a la finalización de un matrimonio. Los padres que se divorcian dejan de estar casados el uno con el otro. Firman determinados documentos legales en los que se explicita que el matrimonio ha concluido y que no volverán a vivir bajo el mismo techo.

Juez: Hombre o mujer que toma decisiones en nombre de quienes no son capaces de ponerse de acuerdo *motu propio*. El juez puede ayudar a los padres a decidir qué es lo mejor para los hijos, como en el caso de quién ostentará la custodia y cómo funcionará el régimen de visitas. Asimismo, puede ayudarlos a tomar otras decisiones relativas al divorcio, como por ejemplo, la división de sus propiedades y dinero.

Mediador: Hombre o mujer que se reúne con los dos padres y les ayuda a llegar a un acuerdo sobre los detalles del divorcio.

Pensión alimenticia: Cantidad de dinero que un padre paga al otro para contribuir a los gastos domésticos o escolares. En ocasiones, cuando la gente está casada, un padre tiene un empleo con el que cubre todas o la mayor parte de las necesidades familiares. Después del divorcio, si el otro padre no tiene el suficiente dinero para vivir o necesita alguna cantidad adicional, puede ser el destinatario de una pensión alimenticia. La pensión alimenticia no se pasa en todos los divorcios, pero cuando el juez la impone, suele ser el padre quien se la pasa a la madre.

Pensión para los gastos de educación: Cantidad de dinero que un padre pasa al otro para contribuir a las necesidades de sus hijos durante su educación.

Sentencia de divorcio: Documento que contiene todos los acuerdos y pactos legales que los adultos han realizado en relación con el divorcio.

Separación: Acuerdo en el que los padres deciden vivir separados pero sin divorciarse. A veces, la gente que opta por esta alternativa de cese de la convivencia prefiere tramitarla por escrito, en cuyo caso se denomina separación legal.

Tiempo compartido: Término que describe la forma en la que los padres deberán distribuirse el tiempo con sus hijos. A veces, los niños viven la mayor parte del tiempo con uno de los padres, que tiene lo que se llama custodia física, mientras el otro padre ostenta un derecho de visita.

Tribunal: Lugar al que acuden los padres para obtener el divorcio o para que un juez les ayude a obtenerlo si existen desavenencias. En ocasiones, los hijos también pueden acudir a un tribunal si ello puede contribuir a que el juez decida cómo puede ayudar mejor a sus padres.

Visitas vigiladas: Acuerdo legal mediante el cual un padre puede ver a sus hijos en presencia de otro adulto (un miembro de la familia, consejero, trabajador social o amigo).

Bibliografía

Ackerman, Marc J., *Does Wednesday Mean Mom's House or Dad's? Parenting Together While Living Apart*, John Wiley & Sons, Nueva York, 1996.
Berry, Dawn Bradley, *The Divorce Recovery Sourcebook*, NTC Publishing Group, Lincolnwood, IL, 1999.
Blume, Judy, *It's Not the End of the World*, Yearling Books, Nueva York, 1986.
Cleary, Beverly, *Querido señor Henshaw*, Espasa-Calpe, Madrid, 1998.
Cohen, Joan Schrager, *Helping Your Grandchildren Through Their Parents' Divorce*, Walker & Co., Nueva York, 1994.
Faber, Adele, y Mazlish, Elaine, *Cómo hablar para que sus hijos le escuchen y cómo escuchar para que sus hijos le hablen*, Medici, Barcelona, 1997.
Gold, Lois, *Between Love and Hate: A Guide to Civilized Divorce*, Plume, Nueva York, 1996.
Ilg, Frances L., Ames, Louise Bates, y Baker, Stanley M., *Child Behavior: The Classic Childcare Manual from the Gesell Institute of Human Development*, HarperPerennial, Nueva York, 1992.
Kottler, Jeffrey, *Beyond Blame: A New Way of Resolving Conflicts in Relationships*, Jossey-Bass, San Francisco, 1996.
Krementz, Jill, *How It Feels When Parents Divorce*, Alfred A. Knopf, Nueva York, 1988.
Lawrence, Judy, *The Budget Kit: The Common Cents Money Management Workbook*, Dearborn Trade, Chicago, 2000.

Lyster, Mimi E., *Child Custody: Building Parenting Agreements that Work*, Nolo.com, Berkeley, CA, 2000.

McDonnell, Anna, *Goodbye, Hello: Everything you need to Help Your Child When Your Family Moves*, Two Rivers Inc., Santa Monica, CA, 1997.

Neuman, M. Gary, en colaboración con Romanowski, Patricia, *Helping Your Kids Cope with Divorce the Sandcastles Way*, Random House, Nueva York, 1999.

Nightingale, Lois V., *My Parents Still Love Me Even Though They're Getting Divorced: An Interactive Tale for Children*, Nightingale Rose, Yorba Linda, CA, 1997.

Ransom, Jeanie Franz, *I Don't Want to Talk About It*, Magination Press, Washington, DC, 2000.

Ross, Julie A., y Corcoran, Judy, *Joint Custody with a Jerk: Raising a Child with an Uncooperative Ex*, St. Martin's Press, Nueva York, 1996.

Swan-Jackson, Alys, *When Your Parents Split Up: How to Keep Yourself Together*, Price Stern Sloan, Nueva York, 1998.

Szaj, Kathleen C., *I Hate Goodbyes!*, Paulist Press, Mahwah, NJ, 1997.

Teyber, Edward, *Helping Children Cope with Divorce*, Jossey-Bass, San Francisco, 2001.

Thomas, Pat, *May Family's Changing: A First Look at Family Break Up*, Barrons Educational Series Inc., Hauppauge, NY, 1999.

Trafford, Abigail, *Crazy Time: Surviving Divorce and Building a New Life*, HarperPerennial, Nueva York, 1992.

Acerca de los autores

Roberta Beyer es una abogada y mediadora que ayuda a las familias durante el proceso de divorcio. Siempre ha deseado ayudar a los niños cuyos padres se están divorciando, y en 1995 confeccionó un calendario con pegatinas para que los niños y sus padres pudieran seguir cómodamente sus respectivas programaciones. Desde entonces, ha desarrollado otros productos, y junto con Kent Winchester ha escrito *What in the World Do You Do When Your Prents Divorce? A Survival Guide for Kids*. Es la creadora de The «Keep Track» Calendar for Kids y The Mum & Dad Pad. Las aficiones favoritas de Roberta son la pesca con mosca, la jardinería y la cocina. Vive en Albuquerque, Nuevo México, con sus dos collies, Fly y Jenny, a los que mima con locura.

Kent Winchester es un abogado procesalista que ayuda a las mujeres acosadas sexualmente y a la gente que ha sido tratada injustamente por las grandes compañías. Es padre de dos hijos, Ian y Shauna. Le encanta hacer excursiones, pescar con mosca y leer. Kent es coautor de *What in the World Do You Do When Your Parents Divorce? A Survival Guide for Kids*, con Roberta Beyer, y autor de *Magic Words Handbook for Kids*. Vive en Nuevo México y también tiene dos collies.